Die *Sterne*

Was sie uns lehren

Die Sterne

Was sie uns lehren

Nach dem Werk von

Omraam Mikhaël Aïvanhov

Reihe Evera

PROSVETA VERLAG

Inhalt

Vorwort

Seit Anbeginn der Zeit hat das Himmelsgewölbe die Menschheit fasziniert: Die Ältesten lasen darin Vorzeichen, die Dichter fanden in den Sternen eine Quelle der Inspiration, und die Reisenden zu Lande und zu Wasser folgten den Konstellationen, um an ihr Ziel zu gelangen.

Die Astronomie verdankt ihren Fortschritt der Entwicklung der Mathematik sowie der Erfindung und Vervollkommnung von Teleskopen im Lauf der Jahrhunderte, und die Bilder von Weltraumsonden übermitteln uns heute ein Schauspiel von unsagbarer Schönheit.

Doch da bliebe noch die andere, die innere, spirituelle Dimension des Universums. Jene, welche die Weisen und Philosophen des Altertums intuitiv erkannten. Diese andere Dimension wiederzuentdecken, dazu lädt uns Omraam Mikhaël Aïvanhov ein: *»Der Sternenhimmel ist auch ein Buch, ein Buch, das sich nicht an den Intellekt richtet. Das Wissen, das er uns vermittelt, prägt sich in uns ein und vermag unser Leben zu verwandeln.«*

Er regt uns an, gemeinsam mit ihm spirituelle Gipfel zu erklimmen, indem wir in den Belangen unseres Lebens eine höhere Sichtweise einnehmen und unsere Probleme so relativieren. Er beleuchtet die Bedeutung des Fünfsterns – Symbol für die Tugenden des vollkommenen Menschen – und offenbart uns, wie die Sterne unser Schicksal beeinflussen...

Omraam Mikhaël Aïvanhov sagt: *»Die einzige Sehnsucht der Seele besteht darin, sich in den Raum auszudehnen, um mit der Unendlichkeit zu verschmelzen, aus der sie stammt.«* Es geht dabei nicht darum, der Realität zu entfliehen. Die inneren Reichtümer, die man sich Schritt für Schritt auf diesem Weg erwirbt, sollen dazu dienen, *»auf Erden zu einem Wesen zu werden, das Frieden, Harmonie und Schönheit verbreitet«*.

Der Verleger

Die Offenbarungen des Sternenhimmels

I

Eintreten in eine grenzenlose Welt

Damit die Schöpfung zu uns spricht, lebendig und sinnvoll wird, müssen wir ihre Sprache erlernen. Eure gesamte Existenz muss auf dieses Ziel hin ausgerichtet sein: in den Austausch zu treten mit einer grenzenlosen Welt und ihren Bewohnern. Und diese Bewohner finden sich überall: im Wasser, in der Luft und der Erde, im Feuer, in den Bergen und den Bäumen, in der Sonne, den Sternen..., überall! Sie grüßen uns, geben uns Zeichen. Aber wer sieht sie? Und wer bemerkt schon, dass die Natur aus einer lichtvollen, von Strahlen erfüllten Substanz besteht, deren Schönheit und Farben keine Sprache zu beschreiben vermag? Damit die Bewohner darin euch akzeptieren, euch beschützen und unterstützen, bereitet euch darauf vor, mit eurer ganzen Aufmerksamkeit, eurem Verständnis und eurer Liebe in diese unendlich große Welt einzutreten. Ihr wohnt bereits in dieser Welt, ihr wandelt darin, aber ihr müsst sie noch eurem Bewusstsein eröffnen und den Schleier heben, der euch daran hindert, sie zu sehen.

© shuang paul wang / istock.com.com

Betrachtet nachts den Sternenhimmel

Das moderne Leben ist so beschaffen, dass die Menschen immer mehr den Kontakt zur Natur verlieren: vor allem in den Städten, wo man den Himmel kaum noch wahrnimmt oder, falls doch, nicht daran denkt, ihn bewusst anzusehen. Man ist wie gefangen, von materiellen Sorgen erdrückt, und der Blick geht immer mehr nach unten zur Erde. Sicher, man sieht die Sonne, aber man beachtet sie nicht. Und wie viele Leute nehmen sich noch die Zeit, nachts den Sternenhimmel zu betrachten?

Himmlisches Feuerwerk,
strahlender Teppich aus jungen Sternen, aufgenommen vom Hubble-Teleskop,
aus dem Bildarchiv des Hubble Heritage Team der ESA (NASA)

Ich weiß, unsere Lebensbedingungen eignen sich nicht sonderlich für die Kontemplation der Sterne, aber sobald ihr die Gelegenheit dazu habt, nehmt euch ein paar Minuten Zeit dafür... Stellt euch vor, wie ihr in der Stille der Nacht die Erde mit ihren Streitigkeiten und Tragödien verlasst und zu einem Bewohner des Himmels werdet. Meditiert über die Schönheit der Sterne und über die Größe der Wesen, die sie bewohnen.

Im Laufe dieses Aufstiegs in den Weltraum werdet ihr euch immer leichter und befreiter fühlen. Vor allem aber werdet ihr den Frieden entdecken, der sich nach und nach in all euren Zellen ausbreitet. Meditiert dann über die Weisheit, die diese Welten erschaffen hat, und die Wesen, die von ihr zeugen – und ihr werdet fühlen, wie eure Seele sehr feine Antennen aufrichtet, die es ihr ermöglichen, mit diesen Wesen zu kommunizieren. Dies sind erhabene Momente, die man dann sein ganzes Leben lang nicht mehr vergessen wird.

Der Sternenhimmel, ein offenes Buch

Der Sternenhimmel ist einer der wunderbarsten Anblicke überhaupt, aber es gibt verschiedene Arten, ihn zu betrachten. Wir können eine Himmelskarte und ein Astronomiebuch zur Hand nehmen, die im Detail erklären, was man alles über die Sterne und die Planeten weiß: ihre Namen, die Entfernungen, welche sie voneinander trennen, die unterschiedlichen Elemente, aus denen sie bestehen, auf welche Weise sie entstehen, leben und wieder vergehen, welchen physikalischen Gesetzen das Sonnensystem gehorcht usw.

Logarithmische Darstellung des beobachtbaren Universums,

mit dem Sonnensystem im Zentrum, den inneren und äußeren Planeten, dem Kuipergürtel, der Oortschen Wolke, Alpha Centauri, dem Perseusarm, der Milchstraße, Andromeda und den nahegelegenen Galaxien, dem großräumige Strukturnetz, der kosmischen Mikrowellenhintergrundstrahlung und an der Peripherie das unsichtbare Plasma des Urknalls – Illustration von Pablo Carlos Budassi

Dies ist sicherlich sehr nützlich für unser Verständnis des Universums. Aber welch ein Unterschied zu den Erfahrungen, die wir machen können, wenn wir den Sternenhimmel einzig in dem Wunsch betrachten, mit dieser Unendlichkeit zu verschmelzen! Wir treten dann in Beziehung mit den spirituellen Wesenheiten, deren physische Kleider auf gewisse Weise die Himmelskörper darstellen, und nach und nach gelangen wir zu einem anderen Verständnis, das all unsere Zellen imprägniert. Denn der Sternenhimmel ist auch ein Buch, ein Buch, das sich nicht allein an unseren Verstand richtet. Das Wissen, das es uns vermittelt, prägt sich in uns ein und kann unser Leben verändern. Eine höhere Lichtquelle erhellt uns, und dieses Licht gibt unseren Gedanken, Gefühlen und Handlungen eine Orientierung: Das ist das wahre Wissen.

Die Astronomen beobachten den nächtlichen Himmel, aber die meisten von ihnen beschränken sich auf seine materielle Realität. Sie wissen nicht, dass intelligente Wesen die Himmelskörper dort oben bevölkern und auf ihnen arbeiten. Für sie gehorcht alles mechanischen Gesetzen, und ihre Seele und ihr Geist haben nicht viel von solchen Studien. Diese Forscher ähneln Bergsteigern, die einen Gipfel nur besteigen, um eine sportliche Höchstleistung zu vollbringen, die Art seines Gesteins zu untersuchen oder die atmosphärischen Schwankungen zu messen. Sie vergessen dabei, den Berg wahrzunehmen und mit seiner Schönheit, seiner Reinheit und seiner Kraft in Verbindung zu treten.

Wie der Aufstieg auf einen Gipfel sollte die Kontemplation des Sternenhimmels den Menschen die Lösung all ihrer Probleme bringen, denn sie öffnet ihnen die Pforten ihres inneren Himmels. Wer es sich zur Gewohnheit macht, die Sterne mit Liebe zu betrachten, indem er über die kosmische Harmonie meditiert, über diese Lichter, die von so weither aus Raum und Zeit kommen, durchquert im Geiste die spirituellen Regionen, die sich auch in ihm befinden.

Die Sterne lesen wie die Buchstaben einer heiligen Schrift

Alle großen Eingeweihten empfingen Belehrungen, indem sie den nächtlichen Himmel betrachteten. Ihre Seele kommunizierte mit den Sternen, und diese Zentren unerschöpflicher Kräfte sandten ihnen Botschaften, die sie ihrerseits den Menschen übermittelten. Man muss die Sterne lesen wie die Buchstaben einer heiligen Schrift, und es braucht viel Zeit, sie zu entschlüsseln. Ja, erst viel später beginnt man nach und nach ihre Offenbarungen zu verstehen. Auch ich beginne erst jetzt, manche Dinge zu begreifen, die mir der Sternenhimmel in der Stille der Nacht am Mussala zugeflüstert hat.

Sternennacht,
Vincent van Gogh (1889)

Rund ums Feuer, abends im Rila-Gebirge

Omraam Mikhaël Aïvanhov erzählt über Erlebnisse mit Meister Peter Danov und seiner Bruderschaft beim Sommercamp in Bulgarien:

Lagerfeuer in der Nacht
© Rastan / istock.com.com

Nach dem Abendessen wurde in der Mitte des Lagers ein großes Feuer angezündet. Wir kamen alle und setzten uns im Kreis drum herum. Wir beteten, und dann sangen wir im Chor Lieder, die Meister Peter Danov komponiert hatte.

Der tiefblaue, von Sternen übersäte Nachthimmel schien mit seiner Stille und Größe an den mystischen Emotionen, die wir erlebten, teilzuhaben. Nach dem Singen rezitierten einige Brüder und Schwestern Verse, sie spielten Geige oder Gitarre...

Oft schloss Meister Peter Danov die Augen und meditierte. Ich sah ihn an und fragte mich: »Woran denkt er wohl? Wo ist er?« So habe ich mir zur Gewohnheit gemacht, mich während der Momente der Stille mit ihm zu verbinden, und ganz allmählich habe ich gespürt, wie viele seiner Gedanken, seiner Empfindungen und Emotionen ihren Weg zu mir fanden. Ich verstand auch, dass er uns in der Stille unterrichtete. Ihr werdet sagen: »Aber in der Stille lernt man doch nichts, man hört ja nichts!« Ja, scheinbar, aber in Wirklichkeit ist es die Seele, die in diesem Moment etwas empfängt: Die Seele des Schülers sieht, empfindet und registriert alles, was vom Kopf des Meisters ausströmt. Wenn der Schüler nicht sofort versteht, was seine Seele empfangen hat, dann einfach deshalb, weil es eine gewisse Zeit braucht, bis sie das Gehirn damit durchdrungen hat. Aber eines Tages wird das Erhaltene in Form von Gedanken, Entdeckungen und Erinnerungen zum Vorschein kommen, und der Schüler wird nicht einmal wissen, woher diese stammen. Es ist ganz einfach etwas, das er von seinem Meister aufgenommen hat.

Als es auf zehn Uhr abends zuging, erhob sich der Meister für ein letztes Gebet, das wir gemeinsam sprachen. Wir bedankten uns für all den Segen, den wir während dieses Tages empfangen hatten. Dann gingen wir auseinander, um uns in unseren Zelten schlafen zu legen. Manche blieben noch beim erlöschenden Feuer sitzen, um den Sternenhimmel und den Schein des Mondes auf der ruhigen Wasseroberfläche des Sees zu betrachten. Ein wunderbarer Friede senkte sich auf sie herab. Sie fühlten sich eins mit dem Universum, und ihr Leben erhielt einen tiefen Sinn, den sie nie mehr vergessen würden. Schließlich, wenn schon alles im Lager ruhig geworden war, kehrten sie in ihre Zelte zurück und schliefen ein, bis die Geige sie im Morgengrauen weckte und einen neuen Tag im Licht anstimmte.

Harmonie im Wald

Josep Maria Tamburini (ca. 1896)

Wir tanzten die Paneurythmie

Wir tanzten die Paneurythmie auf einer großen Wiese in der Nähe des dritten Sees*. Hunderte Brüder und Schwestern tanzten in einem großen Kreis, in dessen Mitte sich das Orchester und auch der Meister befanden. Seine Anwesenheit inspirierte uns. Manchmal fühle ich mich noch heute ins Rila-Gebirge versetzt, sobald ich die ersten Noten der Paneurythmie höre. Ich sehe wieder die Berggipfel, wie sie sich in diesen reinen Seen widerspiegeln, den strahlend blauen Himmel, an dem die Adler ihre Kreise ziehen, und plötzlich spüre ich denselben Windhauch wie einst.

Die Paneurythmie

Tanz zu Instrumentalmusik, die von Peter Danov** komponiert wurde, Figur: Die Sonnenstrahlen.

* Der Name der Rila-Seen von oben nach unten: Maharzi, Elbour, Balder Darou, Bliznatsité, Mahabour, Sartseto, Chemhaa.

** Der Prosveta Verlag schrieb in den deutschsprachigen Büchern den Nachnamen »Danov« bisher anders, nämlich »Deunov«. Der Verlag wird nun nach und nach die Schreibweise »Danov« für den Namen von Meister Peter Danov einführen. Diese Schreibweise führt (gemäß mehrerer Hinweise aus Bulgarien) zu einer richtigeren Aussprache. Das »a« dieser neuen Schreibweise wird aber für eine möglichst richtige Aussprache des Namens nicht betont, sondern nur kurz, ja fast unhörbar gesprochen und klingt dann ähnlich wie »D'-nov«.

Die Sterne sind von spirituellen Wesenheiten bewohnt

Die Sterne sind nicht nur Himmelskörper, die Energien erzeugen und ausstrahlen. Es sind Welten, die von spirituellen Wesenheiten bevölkert werden, die uns Botschaften senden... Macht es euch zur Gewohnheit, euren Blick über das Himmelsgewölbe wandern zu lassen, bis ihr einen Stern findet, bei dem ihr das Bedürfnis verspürt, innezuhalten – weil ihr ihn fühlt, weil ihr mit ihm eine lebendige Verbindung habt. Konzentriert euch auf diesen Stern und wendet euch an die Engel, die ihn bewohnen. Sie sind eure Freunde. Ihr könnt ihnen eure Sorgen und euren Kummer anvertrauen, vor allem aber eure Sehnsüchte und eure Hoffnungen. Von diesen Erfahrungen werdet ihr mit einem viel umfassenderen Verständnis für die Nacht zurückkehren, und ihr seid davon überzeugt, dass ihr nie allein seid, dass wohlwollende Kräfte über euch wachen und mit euch in Kontakt treten. Auch wenn ihr nicht genau wisst, wer sie wirklich sind: Ihr werdet ihre Präsenz spüren.

Es ist wahr, im Angesicht der Unendlichkeit hat der Mensch keine große Bedeutung, aber das ist kein Grund, sich allein oder verloren zu fühlen. Zwischen dem Universum und ihm existieren Entsprechungen, die er suchen und entdecken muss. Er kann die Sterne berühren, indem er an dem arbeitet, was in seinem Inneren am schönsten und größten ist. Und umgekehrt kann er in sich den Sinn für die Schönheit und die Unendlichkeit entwickeln, indem er sich mit den Sternen verbindet. Diese Entsprechungen sind der Schlüssel zur Selbsterkenntnis, zu aller Macht über sich selbst, und es ist wichtig, zu lernen sich ihrer zu bedienen.

Der Pferdekopfnebel

Er befindet sich 1500 Lichtjahre entfernt und ist etwa 5 Lichtjahre hoch.

Copyright und Daten: Giuseppe Carmine Iaffaldano / Bearbeitung: Roberto Colombari

Meditieren über die Unendlichkeit

Nehmt an, man hat euch ungerecht behandelt oder Sorgen quälen euch und ihr findet keinen inneren Frieden mehr. Dann betrachtet nachts den Sternenhimmel und denkt über die winzige Erde nach, die sich in diesem unendlichen Raum verliert: »Jener, der so viele Welten erschaffen hat, hat sie sicherlich mit intelligenteren, schöneren und mächtigeren Geschöpfen bevölkert, als wir es sind... Denn wie kann man glauben, dass der Schöpfer nur hier auf Erden – ein Staubkorn im Vergleich zur unendlichen Weite des Universums – ein paar unbedeutende Wesen platziert hat, ›Menschen‹ genannt, die diskutieren, philosophieren, sich streiten und einander zerstören?«

Unter dem Sternenzelt könnt ihr fühlen, dass all die Probleme und Sorgen, die in unserem Kopf zu gigantischer Größe anschwellen, unwichtig und klein sind: Denkt daran, dass die Sterne, die ihr betrachtet, bereits vor Milliarden von Jahren existierten, dass die Intelligenz, die diese Welten geschaffen hat, ewig ist, und dass ihr nach ihrem Ebenbild erschaffen wurdet, und ihr werdet spüren, dass auch euer Geist ewig ist. Wenn ihr viele Leidenschaften befriedigen wollt, und ihr ungeduldig und nervös seid, weil ihr eure Pläne nicht so schnell verwirklichen könnt, wie ihr dachtet, dann meditiert über die unendliche Weite und die Ewigkeit – und ihr werdet verstehen, wie sinnlos es ist, den Dingen euren Willen aufzwingen zu wollen und euch den Kopf darüber zu zerbrechen.

Die Sterne befragen
Karl Wilhelm Diefenbach (1898)

Carinanebel

Ein großer leuchtender Nebel, der mehrere offene Sternenhaufen umfasst, die sich geschätzt zwischen 6500 und 10000 Lichtjahre von der Erde entfernt befinden. Foto vom Teleskop Hubble. Copyright: NASA, ESA, N. Smith (University of California, Berkeley), & The Hubble Heritage Team (STScI/AURA)

Ich sage nicht, dass jene, die ihre Begierden und niederen Neigungen bezwingen wollen, diese ausrotten müssen. Nein, aber anstatt zu erlauben, dass all diese göttlichen Energien ausschließlich vom physischen Körper absorbiert werden, sollten sie kanalisiert und in eine andere Richtung gelenkt werden. Man muss diese Energien, diese im Körper angesammelten Kräfte, dazu verwenden, auf den spirituellen Baustellen zu arbeiten. Selbst der Magen soll der spirituellen Arbeit dienen. Und das ist möglich, denn der Körper besitzt alle Eigenschaften des Himmels.

Die materialistische Philosophie hat der menschlichen Seele die Flügel gestutzt, indem sie beweisen wollte, dass der Mensch nur aus Staub besteht, dass es weder einen Gott gibt noch einen Himmel, und dass keine Hoffnung für den Menschen besteht, ein erhabenes Wesen zu werden. Diese Philosophie hat alles getötet und vernichtet, was es an Schönem im Menschen gibt.

Unter freiem Himmel auf dem Berge Mussala

Diese langen Aufenthalte im Rila-Gebirge zählen zu den wundervollsten Ereignissen in meinem Leben. Oft steigen Bilder aus dieser Zeit in mir auf. Noch heute entsinne ich mich gewisser Erfahrungen, die ich gemacht habe, als unsere Bruderschaft während des Sommers mit Meister Peter Danov im Rila-Gebirge zeltete.

Als außergewöhnlich habe ich vor allem die Nächte in Erinnerung, die ich auf dem Mussala unter freiem Himmel verbrachte. Am Abend stieg ich mit einigen Freunden oder manchmal auch allein zum Gipfel auf, wickelte mich in Decken ein und legte mich auf den Rücken. Vor dem Einschlafen betrachtete ich den Sternenhimmel und versuchte, mich mit den Kräften und kosmischen Wesenheiten zu verbinden, von denen die Sterne nur den physischen Aspekt darstellen. Ich verstand nicht alles, was sie mir sagten, aber ich liebte sie, meine ganze Seele war verzückt und voller Bewunderung, und ich betrachtete sie, bis ich, ohne es zu merken, in den Schlaf sank. Manchmal schneite es während der Nacht, und ich erwachte am Morgen unter einer Schicht aus Schneekristallen. Ach, welch wunderbare Erinnerungen!

Der Mussala (2.925 Meter ü. d. M.)

Night with her train of stars
Edward Robert Hughes (1912)

Im Laufe dieser Jahre habe ich diesen außergewöhnlichen Frieden entdeckt, der einen erfasst, wenn man sich nachts auf einem Berggipfel befindet. In den Regionen, in die ich getragen wurde, spürte und verstand ich, dass die einzig wirklich wichtige Tätigkeit im Leben darin besteht, sich mit dem kosmischen Geist zu vereinen, der das Universum belebt. Im täglichen Leben streiten sich die Menschen und zerstören einander für nichts und wieder nichts. Ihr Bewusstseinshorizont ist so eng, so begrenzt, dass ihnen nichts wichtiger erscheint als ihre Sorgen, ihr Ehrgeiz, ihre Liebschaften, ihre Streitereien. Sie sehen nicht die Unermesslichkeit des Himmels über ihnen, diesen ganzen unendlichen Raum, der es ihnen erlauben würde, sich aus ihren Begrenzungen zu lösen und ein wenig aufzuatmen – wenn sie nur den Blick heben würden.

Wie eine kleine Geschichte meine ganze Aufmerksamkeit auf sich zog

Es war die Geschichte von einem Königreich, das von Unruhen, Epidemien und Hungersnöten gezeichnet war. Der Herrscher dieses Königreichs war ein sehr guter Mensch, der sich Tag und Nacht fragte, wie er seinem Volk wieder Frieden, Wohlstand und Glück bringen konnte. Er suchte in alten Pergamenten und bat die Weisen an seinem Hof um Rat, aber trotz all seiner Anstrengungen verbesserte sich die Lage nicht.

In seinem Palast aber gab es einen hohen Turm, und es kam ihm die Idee, diesen so auszustatten, dass er nachts, bei klarer Sicht, von dort die Sterne betrachten konnte. Und so stellte er ihnen die Frage: »Sagt mir, wie ich die Situation meiner Untertanen zum Besseren wenden kann?« Nach mehreren Nächten, die er versunken in den Anblick des Himmels verbracht hatte, stellte er zunächst fest, dass sich ein wundersamer Frieden in seinem Herzen niederließ und dass es in ihm hell wurde. Er wusste nicht warum, aber es schien ihm, als würde er jetzt vieles verstehen.

Burg Torre Astura, (Italien)

© Gennaro Leonardi - istock.com

Und auf einmal kannte er die Lösung. Am nächsten Tag ließ er ein Dekret veröffentlichen: »Alle Einwohner meines Königreichs müssen die Sterne betrachten, ansonsten droht ihnen eine Gefängnisstrafe.« Viele gaben an, zu müde zu sein, um dieser Anordnung des Königs Folge leisten zu können. Dieser jedoch ließ die Bevölkerung überwachen, so dass alle verpflichtet waren, jede Nacht mindestens eine Stunde lang die Sterne anzuschauen. Was aber geschah? Die Missverständnisse verschwanden, der Wohlstand kam zurück, die Gesundheit aller verbesserte sich und erstmals lebten Dichter in seinem Reich.

Nachdem ich diese kleine Erzählung gelesen hatte, sagte ich mir, dass ich es wie dieser König machen wollte, und während meiner Reisen durch die unendliche Weite des nächtlichen Himmels begann ich, ganz neue Empfindungen zu entdecken. So oft es möglich war, verbrachte ich deshalb im Rila-Gebirge die Nacht im Freien unter dem Sternenhimmel.

Wie der Turmbau zu Babel

Im Laufe der Zeit haben die Menschen eine unglaubliche Macht über die Natur errungen: Nach und nach ist es ihnen gelungen, ihre Herrschaft über das Land und die Meere auszuweiten und nun auch über den Himmel. Der Wunsch, den Raum zu erforschen, der sich vor ihnen öffnet, und diesen zu erschließen, ist legitim. Was nicht legitim ist, ist die Art und Weise, wie sie dabei vorgehen. Einzig getrieben von ihren Interessen und dem möglichen Profit, haben sie keine Skrupel, das Gleichgewicht der Natur zu zerstören. Nichts darf ihnen im Wege stehen, sie glauben, die Meister des Universums werden zu können. Daher hat unsere Zeit etwas gemein mit der Erzählung des Turmbaus zu Babel im Buch Genesis. Man kann sagen, dass auch heutzutage die »Götter« beginnen, Angst vor den Menschen zu haben... Der Turm von Babel symbolisiert vor allem die Versuche der Menschen, sich zu Meistern über die Kräfte der Natur aufzuschwingen und sich ihrer zu bedienen, ohne Weisheit und Mäßigung.

Der babylonische Turm
Marten van Valckenborch (ca. 1600)

Wenn die Menschen von dem Willen getrieben sind, sich durchzusetzen, um ihren Ehrgeiz und ihre Habgier zu befriedigen, wenn sie sich wie Zauberlehrlinge verhalten, dann kommt unaufhaltsam der Moment, wo sie aufhören, sich miteinander zu vertragen. Wie lange glauben sie noch, Raketen in den Raum schießen zu können, ohne sich zu fragen, ob sie damit eine Ordnung stören, die schon viel länger besteht – mit all den Folgen, die dies für das Leben auf der Erde selbst mit sich bringt? Es gibt andere intelligente Wesen, die darüber wachen, dass das Gleichgewicht des Universums nicht beeinträchtigt wird. Diese Intelligenzen schätzen den Geist der Anarchie nicht, die Gewalt, die manche Forscher an den Tag legen, und jene, die nur darauf drängen, dass man ihnen dabei hilft, ihre Pläne zu verwirklichen. Deshalb wird man ihnen ihre Macht nehmen.

Aber die Menschen sind nicht dazu verdammt, fortwährend aneinander zu geraten. Gott hat sie geschaffen, damit sie einander verstehen. In ihnen existiert ein Gipfel, wie bei einem Berg oder einem Turm, es ist egal, wie man das nennt. Dieser Gipfel ist ihr Höheres Selbst. Ihm sollten sie sich jeden Tag zuwenden, um die Sprache der Liebe, der Weisheit und der Wahrheit zu erlernen und damit die universelle Sprache. Sobald die Menschen akzeptieren, diese Sprache zu lernen, werden sie beginnen, die Sprache Gottes zu verstehen, und sie werden sich auch untereinander verstehen... Gott möchte, dass die Menschen gut miteinander auskommen, aber unter der Bedingung, dass sie gemeinsam einen Turm des Lichtes errichten, um auf ihn hinaufzusteigen.

Das Lachen der Sterne

Aus dem Buch »Der kleine Prinz« von Saint-Exupéry, Kapitel 26 und 27.

Der kleine Prinz sagte zu mir:

»Die Leute haben ihre Sterne, aber es sind nicht für alle die gleichen. Für die einen, die reisen, sind die Sterne Führer, für andere sind sie nichts anderes als kleine Lichter. Für wieder andere, die Gelehrten, sind sie Probleme. Für meinen Geschäftsmann waren sie Gold. Aber alle diese Sterne schweigen. Du aber, du wirst Sterne haben, wie sie niemand hat.«

»Was willst du damit sagen?«

»Wenn du nachts den Himmel betrachtest, wird es dir sein, als lachten alle Sterne, weil ich auf einem von ihnen wohne, weil ich auf einem von ihnen lache. Du allein wirst Sterne haben, die lachen können!«

»Kleiner Mann, sag mir, dass sie nur ein böser Traum ist, diese Geschichte von der Schlange und dem Rendezvous und dem Stern...«

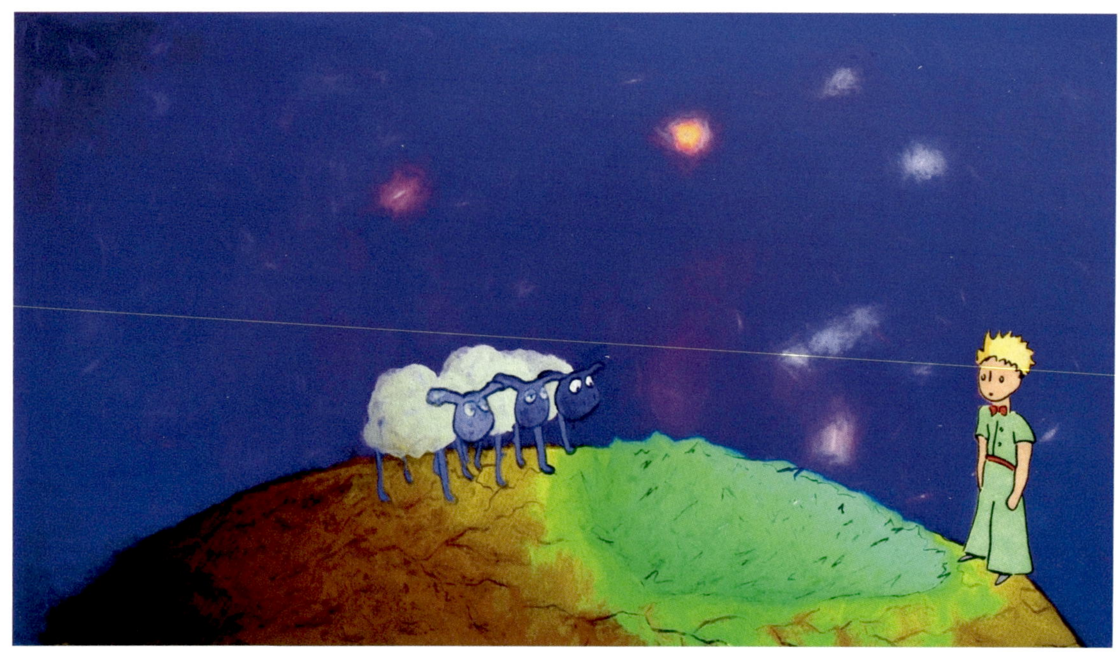

Der kleine Prinz
Bild von Diégo GERNAIS auf Pixabay

Die Sterne:
Gesetze des Schicksals und astrologische Einblicke

II

Unser Schicksal ist innerhalb des Tierkreises aufgezeichnet

Wie soll man nicht von der Idee fasziniert sein, dass die Sterne einen Einfluss auf unser Leben haben? Bei unserer Geburt treten wir in den Tierkreis ein, und in diesem Moment wird sozusagen ein Foto gemacht: Je nach ihrer Position bilden die Sterne und Planeten eine Art Figur, die die großen Linien unseres Schicksals festlegt – entsprechend dem, wie wir in unseren früheren Inkarnationen gelebt haben.

Viele Leute verwehren der Astrologie den Rang einer Wissenschaft. Nun gut, sagen wir, es ist eine Kunst, und zwar eine komplizierte. Schwierig daran ist es vor allem, alle Beziehungen zu interpretieren, die die Himmelskörper miteinander eingehen, abhängig davon, wo sich jeder einzelne befindet. Doch die Astrologen sagen, »die Sterne machen geneigt, aber sie zwingen nicht«. Ein Horoskop bietet nur eine Orientierung.

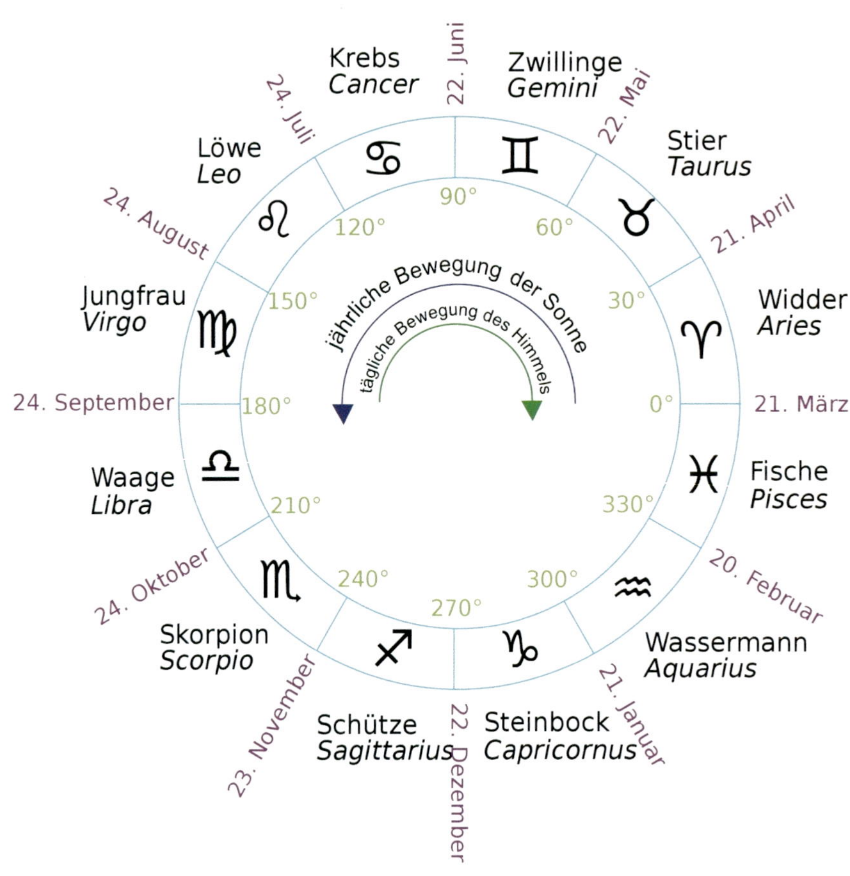

Die Tierkreiszeichen

Bild: WolfgangRieger, Public domain, via Wikimedia Commons

Es ist sicherlich interessant, in der Astrologie nach Offenbarungen über unser Schicksal zu suchen. Noch viel interessanter aber ist es, darin ein System von Symbolen zu sehen. Damit können wir die Mechanismen unseres psychischen Lebens verstehen, in Verbindung mit dem Universum, nach dessen Bild wir erschaffen wurden.

Alte Himmelskarte

Illustration von Andreas Cellarius für den Atlas »Harmonia Macrocosmica' (1660)«

Der Tierkreis: ein Uroboros*

Der Tierkreis repräsentiert symbolisch die Grenzen, die Gott gezogen hat, um die sichtbare Welt beisammen zu halten. Deshalb haben verschiedene Traditionen den Tierkreis mit einer großen Schlange verglichen, deren Körper die Welt wie eine Schlinge umschließt. Wenn das Schicksal so unerbittlich ist, dann deshalb, weil all unsere Gedanken, Gefühle und Handlungen, die guten wie die schlechten, sich in einen ätherischen Ozean einprägen, aus dem wir nicht entkommen können, und eines Tages holen sie uns alle wieder ein...

Als lebendige Geschöpfe sind wir in diesen ätherischen Ozean eingetaucht, den die Einweihungswissenschaft »das Astrallicht« nennt. Diese feinstoffliche Materie ist so sensibel, dass sich ihr alles einprägt. Selbst die unbedeutendste Handlung, die kleinste Emotion, der flüchtigste Gedanke, alles hinterlässt eine Spur. Wie eine Welle, die sich bis zum Rand unseres Universums ausbreitet, das heißt, bis zu den Grenzen des Tierkreises

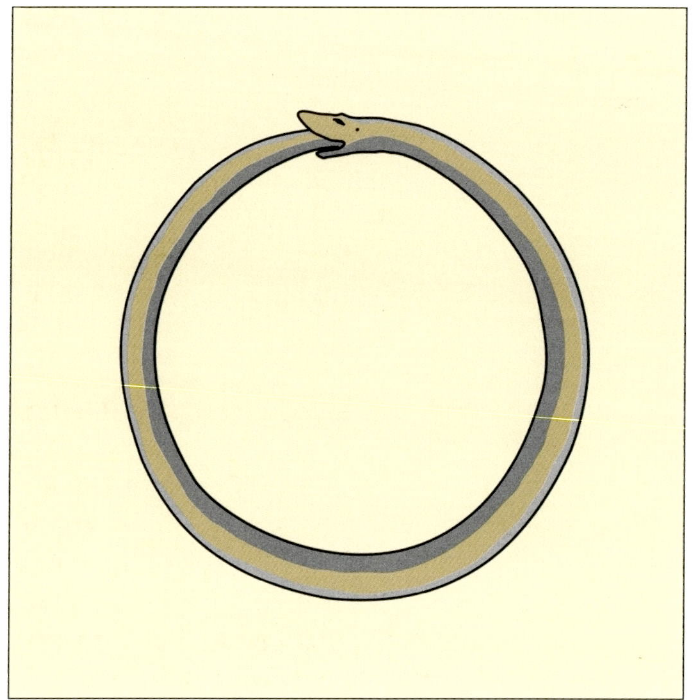

* Der Uroboros (auch Ouroborus) ist ein Bildsymbol, das schon zu Zeiten Tutanchamuns in der ägyptischen Ikonographie verwendet wurde. Es stellt eine Schlange dar, die sich selber in den Schwanz beißt.

Die Phasen der Schöpfung

Die Fortschritte in Wissenschaft und Technik haben unser Verständnis des Universums auf außerordentliche Weise erweitert, das Sonnensystem aber bleibt weiterhin unser Zuhause. Es wird als ein Raum definiert, dessen Zentrum die Sonne ist. Um die Sonne kreisen die Planeten, und dieser Raum wird theoretisch vom Tierkreis mit den zwölf Sternzeichen begrenzt...

Symbolisch gesehen repräsentiert der Tierkreis die Weite, die Gott zu Anfang eingegrenzt hat, um die Welt zu erschaffen. Daher lassen sich in der Abfolge der zwölf Sternzeichen* (Widder, Stier, Zwillinge, Krebs, Löwe, Jungfrau, Waage, Skorpion, Schütze, Steinbock, Wassermann, Fische) die verschiedenen Phasen der Schöpfung entdecken.

Der Tierkreis des Lebens

Marmorintarsien am Boden eines Kirchenschiffs etwa aus dem 12. Jahrhundert (Rekonstruktion des Originals) – Museum San Miniato al Monte, Florenz (Italien)

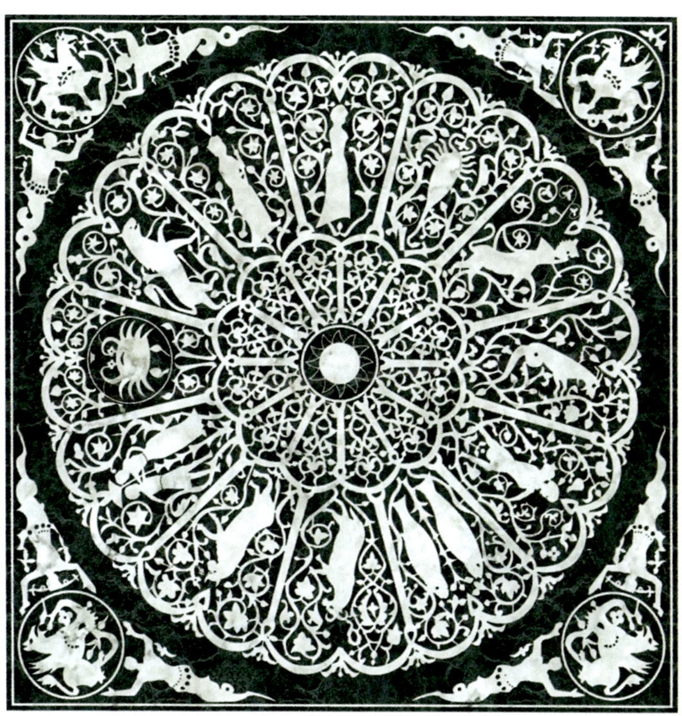

* In vergangenen Zeiten hatte der Mensch sehr pragmatische Beweggründe, den Himmel und die Sternbilder zu beobachten. Einige davon dienten ihm zur Orientierung bei der Navigation. So hat der Polarstern im Sternbild Kleiner Bär Reisenden jahrhundertelang den Weg nach Norden gewiesen.

Andere Sternbilder fungierten als frühe Kalender. Tatsächlich hingen das Überleben und das Wohlergehen des Menschen in der Antike größtenteils von der Kenntnis der Himmelsphänomene und der Beziehung zwischen Himmel und Erde ab. So war etwa die Jagdsaison abhängig von den Wanderungen der Gazellen- und Antilopenherden, die nur zu bestimmten Zeiten im Jahr stattfanden. Die Erfindung der Landwirtschaft hat dieses Bedürfnis, die Sprache des Himmels zu verstehen, noch verstärkt. Aussaat und Ernte von Obst und Gemüse sind nur zu bestimmten Jahreszeiten möglich. Die Fähigkeit, den Himmelskalender lesen zu können, ist seither eine Frage von Leben und Tod.

Petit dictionnaire amoureux du Ciel et des Étoiles «, Trinh Xuan Thuan, Ed. Pocket

Von den Sternen bis zu den kleinsten Teilchen

Seit undenklichen Zeiten gilt der Mensch als Synthese des Universums. In alten Tempeln wurde er als Schlüssel dargestellt, der in der Lage ist, die Pforten zum Palast des großen Königs zu öffnen – denn alles, was im Universum existiert, ob Materie oder Energie, findet sich, zu einem geringeren Maße, auch im Menschen. Deshalb wird das Universum »Makrokosmos« (die Welt des Großen) genannt und der Mensch »Mikrokosmos« (die Welt des Kleinen). »Gott« indes ist der Name des erhabenen Geistes, der beide Welten erschaffen hat, sie belebt und ihr Bestehen sicherstellt…

Nichts kann im Kosmos existieren, was vom göttlichen Geist nicht belebt und beseelt würde. Alles lebt, alles atmet, alles schwingt und kommuniziert mit diesem großen Strom, der von Gott ausgeht und das Universum durchflutet, von den Sternen bis zu den kleinsten Teilchen. Der Apostel Paulus sagte: »In Gott leben, weben und sind wir…« (Apg 17,28).

Indem wir nach und nach unsere Ansichten über die Natur verändern, ändern wir daher auch unser Schicksal. Solange wir denken, dass die Natur tot ist, schwächen wir das Leben in uns. Sind wir hingegen überzeugt, dass sie lebendig ist, wird alles, was sie enthält – Steine, Pflanzen, Tiere, Sterne – unser Wesen beleben und die Kraft unseres Geistes erhöhen.

Allegorie der Schöpfung des Kosmos

Domenicus van Wijnen (1661-1695)

Der himmlische Bogenschütze

Als spirituelle Disziplin verlangt das Bogenschießen eine sehr lange Lehrzeit. Doch selbst für den, der diese Kunst gar nicht erlernen will, ist es interessant, die Entsprechungen zu studieren, die zwischen dieser Disziplin und dem Sternzeichen Schütze, dem himmlischen Bogenschützen, bestehen.

Eine erste Interpretation dieses Symbols ist augenfällig: Der Bogenschütze hat gelernt, sich und andere zu verteidigen. Der Pfeil kann aber auch ein Gedanke sein, der ein erhabenes und weit entferntes Ziel anvisiert, um die Kräfte der höheren Welt freizusetzen. Doch um dies zu erreichen, darf ein solcher Gedanke nicht nur konzentriert sein, sondern muss auch von einem Gefühl der Liebe durchdrungen sein, denn die Liebe ist eine Antriebskraft. Die Meditation kann als eine Form des Bogenschießens angesehen werden. Von dem Moment an, in dem wir versuchen, eine Realität der spirituellen Welt zu erreichen, befinden wir uns in der Situation des Bogenschützen. Der Pfeil desjenigen, der seinen Intellekt, sein Herz und seinen Willen zu mobilisieren versteht, wird sein Ziel erreichen.

Der Schütze ist ein Feuerzeichen. Und der Pfeil, den er bereit ist loszulassen, gleicht einem flammenden Strahl, der bis zu den Sternen fliegt.

Tierkreiszeichen Schütze

Der Zentaur, ein mythologisches Wesen

Das Sternzeichen Schütze ist verbunden mit der mythologischen Figur des Zentauren, dessen Pferdeleib von einem menschlichen Oberkörper überragt wird.

Der Zentaur

Foto 21078709 © Deviney Dreamstime.com

Der Zentaur ist das Symbol des Menschen, in dem der Verstand (die höhere Natur) über die dunklen Kräfte und Instinkte (die niedere Natur) triumphiert.

Je mehr es der höheren Natur gelingt, die niedere Natur zu bezähmen, umso eher stellt diese sich in ihren Dienst und verwendet ihre Energien darauf, sich in die Richtung zu bewegen, die ihr die höhere Natur vorgibt. Das ist eine Tatsache, der sich kein Mensch entziehen kann: Wir bestehen alle aus zwei Naturen, einer niederen und einer höheren, und wir müssen lernen, diese aufeinander abzustimmen. Wir können uns der niederen Natur nicht entledigen, aber wir können uns bemühen, sie zu beherrschen, indem wir sie arbeiten lassen.

Trifidnebel (Sternbild Schütze)

5200 Lichtjahre von der Erde entfernt – Foto des Hubble-Teleskops – © Rendu Robert Gendler/NASA

Dies wird ganz deutlich in den Darstellungen des Schützen oder Zentauren. Der Pferdekörper ist in Bewegung, er rennt. Und das nicht ohne Grund, es hat seinen Sinn, denn die Bewegung steht im Dienst einer wohlüberlegten Handlung. So wie auch der abgeschossene Pfeil zwar davonfliegt, aber nicht einfach irgendwohin. Der Schütze stellt also ein Wesen dar, das die Bewegungen seiner niederen Natur (das galoppierende Pferd) in den Dienst eines Ideals stellt. Der Pfeil wird die Zielscheibe genau in der Mitte treffen.

Die Tarotkarte XIV: die Mäßigkeit

Die vierzehnte Tarotkarte trägt den Namen »Mäßigkeit«. Diese Karte zeigt einen Engel mit einem Gefäß in jeder Hand. In das Gefäß in seiner rechten, unteren Hand gießt er eine Flüssigkeit aus einem Krug, den er in seiner linken, oberen Hand hält. Diese Flüssigkeit, die der Engel umfüllt, ist das Leben und der Strom des göttlichen Lebens. Wird dieser Strom unterbrochen, gibt es keinen Austausch mehr zwischen Oben und Unten – und das Leben steht still. Der Engel seinerseits stellt den Menschen dar.

Die wichtigsten Tugenden – Die Mäßigkeit
Oswald Wirth, Public domain, via Wikimedia Commons

Wir sind dieser Engel, der die Möglichkeit hat, mit diesen zwei Krügen zu arbeiten. Und es hängt von uns ab, dass die göttliche Welt – der Geist – herabsteigt, um die Materie, aus der wir bestehen, zu durchströmen, zu erhöhen und zu beleben. Dieses Herabsteigen des Geistes bereiten wir vor, indem wir uns bemühen, uns bis zu ihm zu erheben. Denn die Bewegung von oben nach unten kann nur entstehen, wenn sie von einer Bewegung von unten nach oben begleitet wird.

Der Geist kann nur herabsteigen, wenn wir uns bemühen aufzusteigen, das heißt, wenn wir ihm günstige Bedingungen dafür schaffen, sich in uns zu manifestieren.

Die Tarotkarte XVII: der Stern

Ihr seid jeden Tag auf verschiedenste Weise in Kontakt mit dem Wasser. Aber wie viele von euch sind sich bewusst, dass das Wasser aufgrund seiner Natur und seiner Eigenschaften auf der materiellen Ebene ein Ausdruck der Universalseele ist? Durch das Wasser sendet uns die Universalseele ihre Botschaften. Wenn ihr sie nicht empfangt, dann deshalb, weil eure psychischen Kanäle noch verstopft sind. Befreit ihr sie aber, indem ihr euch mit reinen Gedanken und Gefühlen nährt, werdet ihr euch bis zur Region des himmlischen Wassers erheben, das euch dann mit seiner Reinheit und Transparenz erfüllt.

Der Stern – Tarotkarte 17

Oswald Wirth, Public domain, via Wikimedia Commons

Die Planeten und Sternbilder arbeiten an der Erneuerung des Lebens

Die Tradition der Einweihung lehrt uns, dass jeder Stern unter dem Schutz eines Engels steht, und dass die Sternbilder Gruppen von himmlischen Wesen sind, die harmonisch miteinander arbeiten. Jedes Sternbild des Tierkreises repräsentiert also einen schöpferischen Aspekt in der Natur, und die Planeten sind auf gewisse Weise Öffnungen, durch die die verschiedenen energetischen Ströme hindurchfließen. Die Sternbilder sind so weit entfernt, dass sie vermittelnde Zentren brauchen, um auf eine koordinierte Art und Weise in unserem Sonnensystem wirken zu können. Die Planeten übernehmen diese Rolle. Sie leiten die Energien weiter, die dazu beitragen, Leben zu erschaffen und aufrechtzuerhalten. Die Planeten empfangen die Eigenschaften und Tugenden der Sternbilder und projizieren sie auf Steine, Pflanzen, Tiere und Menschen. So gesehen sind wir Gefäße, in die sich die Strömungen aus dem unendlichen Raum ergießen. Und auch wir werden dann zu Himmelskörpern, da wir diese Strömungen, die wir von weit entfernten Planeten empfangen haben, an andere weitergeben...

Der Tierkreis

Ernest Procter (1925)

Nach astrologischer Überlieferung wird die Sonne mit Vitalität assoziiert, der Mond mit Empfindsamkeit, der Planet Mars mit Kampfgeist, Merkur mit intellektuellen Fähigkeiten, Venus mit der Liebe, Jupiter mit der Kraft von Recht und Gesetz und Saturn mit Entsagung*. Die Sternzeichen des Zodiaks stehen in Beziehung mit den verschiedenen Altersstufen des Menschen, und ebenso stehen die Planeten in Beziehung: der Mond mit der Geburt, Merkur mit der Kindheit, Venus mit Pubertät und Adoleszenz, die Sonne mit der Jugend, die davon träumt, eine Familie zu gründen und in gesicherten Verhältnissen zu leben, Mars mit der Phase als Erwachsener, der gegen Hindernisse ankämpft, Jupiter mit der Zeit der Reife und der Fülle an Möglichkeiten sowie Saturn mit dem Alter…

Eingetaucht in den Fluss des Lebens, weiß der Mensch nie ganz genau, woher die Elemente und Impulse kommen, die er erhält. Da er selbst ein Spiegelbild des Kosmos ist, existieren alle Planeten auch in ihm. Wie im Universum reisen die Planeten durch seine Sternbilder und kreisen dabei um seine innere Sonne.

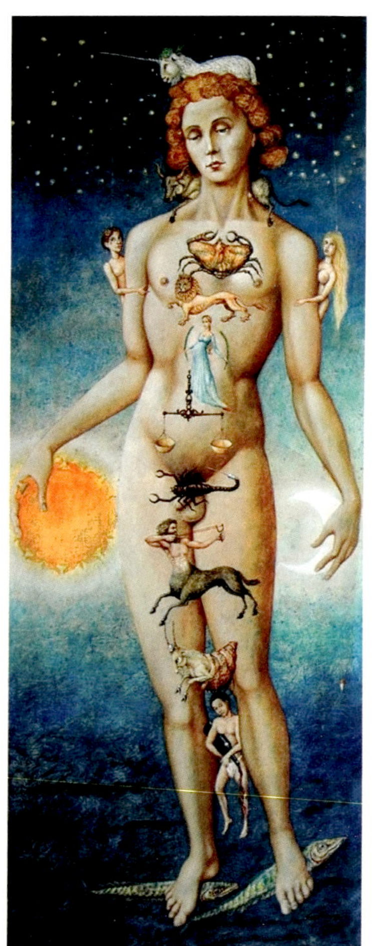

Die Sternzeichen und ihre anatomischen Entsprechungen

Unbekannter Künstler

Uhr mit Planetarium

Uhrenturm, in Zug, Schweiz

© Yvan Tessier istock.com

* Unsere Vorfahren arbeiteten mit den damals bekannten Himmelskörpern; der Sonne, die ein Stern ist, dem Mond, der ein Trabant der Erde ist (Sonne und Mond sind die »beiden großen Lichter«), sowie mit den Planeten Merkur, Venus, Mars, Jupiter und Saturn. Sie haben diese Himmelskörper auf die zwölf Tierkreiszeichen verteilt. Später sind die Planeten Uranus, Neptun und Pluto entdeckt worden; andere werden noch gefunden werden, und die Wahl des verwendeten Systems – mit sieben oder mit zehn Planeten – ist immer relativ und hängt von den Fragen ab, die man behandeln will…

Der Einfluss der Planeten hängt von der Reinheit unserer Aura ab

Eine der Funktionen der Aura besteht darin, den Austausch zwischen den äußeren Sternen und den Sternen in uns sicherzustellen. Ist unsere Aura unrein und dunkel, ist sie für gute Strömungen nicht empfänglich. Sie kann nur die schlechten aufnehmen. Es heißt, dass es unter den Planeten »Wohltäter« und »Übeltäter« gibt. Aber wie kommt es, dass ein und derselbe Planet auf die einen vorteilhaft und auf die anderen unheilvoll einwirkt? Das liegt ganz einfach daran, dass derjenige, der nur die schlechten Einflüsse aufnimmt, nicht darauf vorbereitet ist, die guten zu empfangen. In Wirklichkeit sind alle Planeten »Wohltäter«, aber wie sie auf den Menschen wirken, hängt von seiner Aura ab. Befinden sich darin Bestandteile, die es nicht allen Tugenden eines Planeten erlauben, in ihn hinein zu gelangen, dann verzerren sich die Strömungen, die dieser Planet aussendet: Sie zerfallen und erzeugen negative Effekte. Ist die Aura eines Menschen hingegen rein und machtvoll, wirken alle Einflüsse der Planeten günstig auf ihn, selbst die schlechten.

Seid nicht erstaunt zu hören, dass die Planeten auch in uns existieren… Da der Mensch ein Spiegelbild des Kosmos ist, gibt es alle Planeten gleichfalls auch in ihm, und wie im Universum umkreisen sie seine innere Sonne. Mars, Saturn, Uranus und Pluto gelten als »Übeltäter«. Tatsächlich sind sie es aber vor allem für diejenigen, die sich von ihren günstigen Einflüssen nicht durchdringen lassen.

Mars, Foto der Sonde Viking Orbiter 1

© NASA/JPL/USGS

Saturn

Foto der Sonde Cassini – © NASA/JPL-Caltech/ Space Science Institute

Zu den guten Eigenschaften von Mars gehören Willenskraft und Mut, das Verlangen, Schwierigkeiten zu meistern sowie ein Ziel zu erreichen, das man sich gesetzt hat. Zu den schlechten zählen selbstverständlich Grausamkeit, Gewalt und der Drang zu zerstören. Die guten Eigenschaften der Venus sind Schönheit, Charme und Feinfühligkeit, die schlechten sind Sinnlichkeit, Oberflächlichkeit und Untreue. Sowohl die guten als auch die schlechten Eigenschaften dieser Planeten können sich im Menschen manifestieren – je nachdem, ob seine Aura rein oder mit Elementen verschmutzt ist. Aufgrund der Affinität wird sie die guten oder schlechten Einflüsse der Planeten anziehen.

Das Gleiche gilt für die übrigen Planeten. Die Qualität der Aura des Menschen entscheidet darüber, ob er die Tugenden des Saturn anzieht (Geduld, Stabilität, Wissensdurst) oder seine Laster (Traurigkeit, Starrsinn, Verbitterung). Ob er sich für die Tugenden des Jupiter (Größe, Großzügigkeit, Güte, Milde) öffnet oder für dessen Untugenden (Ehrgeiz, Eitelkeit, Dominanz bis zu dem Punkt, andere fertigzumachen). Daher stellt sich dem Schüler die Frage, wie er an seiner Aura arbeiten kann, damit sie nur die vorteilhaften Planeteneinflüsse aufnimmt. Denn im Gegensatz zur Meinung der meisten Astrologen hängen die guten oder schlechten Einflüsse der Planeten auf den Menschen nicht ausschließlich davon ab, in welchem Zeichen und Haus sie sich befinden und welche Aspekte sie zueinander bilden. Je nach dem Entwicklungsgrad der Person werden sich diese Einflüsse unterschiedlich bemerkbar machen. »Die Sterne machen geneigt, aber sie zwingen nicht«, heißt es deshalb.

Uranus

Foto der Sonde Voyager 2, Januar 1986
© NASA/JPL

Die Sterne machen geneigt, aber sie zwingen nicht

Die Frage nach dem Schicksal – ob der Mensch frei oder aber alles vorherbestimmt ist – wird seit Jahrhunderten diskutiert, und ich bin selten korrekten Ideen zu diesem Thema begegnet. Der Irrtum besteht darin zu glauben, dass alle Menschen, ohne Ausnahme, den selben Gesetzen unterworfen sind. Verhalten sich die Menschen wie Tiere und gehorchen nur ihren Sinnesempfindungen, ihren Leidenschaften und rein instinktiven Impulsen, fallen sie unter das Gesetz des Schicksals: Alles verläuft für sie so, wie es geschrieben steht. Jene indes, die deutlich weiterentwickelt sind, entrinnen dem Schicksal und betreten die Welt der göttlichen Vorsehung und der Gnade, wo Licht und Freiheit regieren. Die großen Meister der Menschheit gehören zu dieser Kategorie. Die meisten Menschen aber bewegen sich zwischen beiden Extremen, zwischen den Tieren und den Gottheiten. Sie sind mehr oder weniger frei, liegen mehr oder weniger in Fesseln. Man darf sich das nicht so vorstellen, dass alle frei sind oder aber alle einem unausweichlichen Schicksal ausgeliefert sind. Nein, die Wahrheit ist, dass die Freiheit vom Grad der Entwicklung abhängt…

Astronomische Borduhr

Prag (Tschechische Republik)
Foto 21917422 © Filip Fuxa | Dreamstime.com

Der Astronom Kopernikus im Gespräch mit Gott

Jan Matejko (1872)

In der heutigen Zeit kursieren alle möglichen Philosophien über die Freiheit, und die Menschen glauben, frei zu sein. Sie wissen nicht, wie das Universum aufgebaut ist, und sie kennen die machtvollen Kräfte nicht, die aus dem Kosmos kommen, um auf sie einzuwirken. Wenn sie eine Entscheidung treffen, meinen sie, dass sie es sind, die die Wahl treffen und sich äußern. Sie ahnen nicht einmal, dass sie der Spielball unbekannter Kräfte sind, denen sie gehorchen müssen. Die alten Astrologen sagten bereits, dass die Sterne geneigt machen, aber nicht zwingen, und dass der Weise über dem Einfluss der Sterne steht. Und nun behaupten manche Astrologen, dass das, was den Menschen antreibt, nicht die Sterne sind, sondern, dass alles schon vorher im Menschen angelegt ist (die Ereignisse, die Unfälle). Die Sterne würden nur den jeweiligen Moment anzeigen, nicht jedoch auf den Menschen einwirken. Nun ja, das ist falsch. Die Sterne wirken auf den Menschen ein, sie beeinflussen ihn dahingehend, die eine oder andere Richtung einzuschlagen. Bei sehr entwickelten Wesen machen die Sterne geneigt, sie beeinflussen sie, aber sie können sie nicht zwingen. Bei den anderen aber, die viel schwächer sind, läuft es genau so, als würden die Sterne sie drängen.

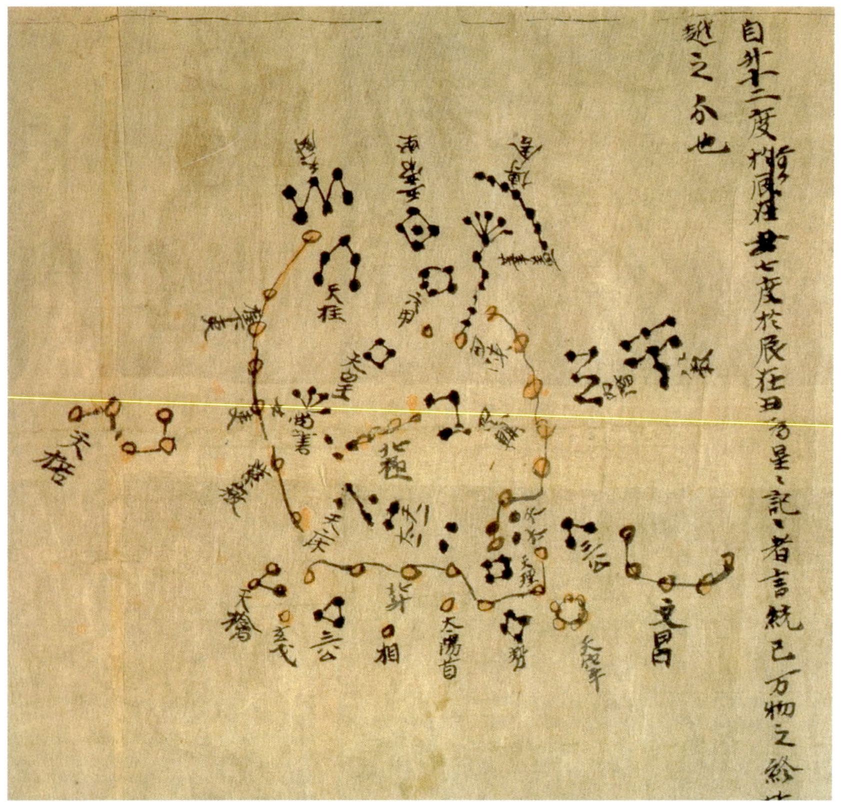

Sternkarte von Dunhuang

Die älteste Karte des Sternenhimmels, gezeichnet im 7. Jahrhundert (zwischen 649 und 684, während der Tang-Dynastie). Die Karte vermerkt mehr als 1300 Sterne, mit einer Präzision von 1° bis 4°.

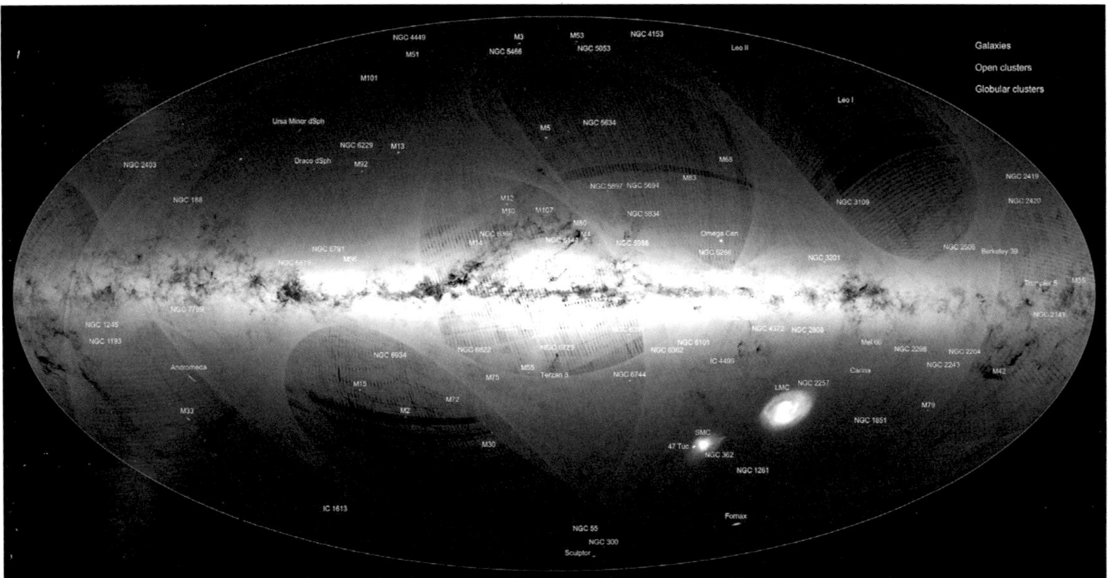

Erste Sternenkarte des astrometrischen Weltraumteleskops Gaia

Sie umfasst mindestens 1142 Millionen Sterne unserer Galaxis. Man sieht auch andere, nahe gelegene Galaxien wie die Magellanschen Wolken, Andromeda oder auch M33
© Europäische Weltraumorganisation (ESA)

Man weiß noch nicht wirklich, was die Sterne sind. Unsere Vorfahren haben sie wesentlich besser studiert. Ich lese manche neueren Werke und sehe, dass diese nicht der Wahrheit entsprechen... Ich kann euch Beispiele geben, indem ich euch zeige, wie sich Ereignisse für manche Menschen exakt verwirklichen, während sie für andere, die weiterentwickelt sind, die Ebene wechseln. Jemand hat zum Beispiel eine Schuld zu begleichen. Aber anstatt dafür auf der materiellen Ebene zu bezahlen, kann er dafür auf der astralen oder mentalen Ebene aufkommen. Auf die ein oder andere Weise muss er bezahlen, aber er kann wählen, auf welcher Ebene er das tun wird. Jene hingegen, die in ihrer Entwicklung weit unten stehen, haben keine Wahl. Sie müssen so bezahlen, wie es geschrieben steht. Merkt euch das gut, und stellt euch auf keinen Fall vor, dass es sich vermeiden ließe, seine Schulden zu bezahlen. Man kann sie höchstens auf andere Weise begleichen, aber man muss sie bezahlen. Die einzige Freiheit liegt in der Wahl, wie man bezahlt, aber es gibt keine Freiheit, dem Karma zu entkommen.

Die Jungfrau Amena konnte in den Sternen die Schrift des Himmels lesen

In einem Kommentar zum biblischen Gleichnis von den fünf klugen und fünf törichten Jungfrauen greift Omraam Mikhaël Aïvanhov auf kabbalistisches Wissen zurück und beschreibt eine der Jungfrauen – die kluge Jungfrau Amena – auf folgende Weise:

Die klugen und die törichten Jungfrauen
Charles Ricketts (1866-1931)

Die fünfte Jungfrau hieß Amena. Auch sie war bemerkenswert. Sie wurde zu einer sehr günstigen Stunde geboren, in der die Sterne, sämtliche Planeten und der Tierkreis sich in einer idealen Position befanden. Mond, Sonne und Merkur waren ebenfalls sehr gut aspektiert. Amena hatte ungewöhnliche, bemerkenswerte Augen. Wenn sie einen ansah, spürte man, wie alles in ihr offen war, klar und aufrichtig. Sie verbarg nichts vor den anderen, da sie nichts zu verbergen hatte. Das hatte sie nicht von den Menschen gelernt, nein, sie war so auf die Erde gekommen, um die Wahrheit zu bezeugen, weil sie in vorangegangenen Inkarnationen wahrheitsliebend und mit der Welt der Wahrheit verbunden gewesen war. Aus diesem Grund hatte sie selbst die Familie auswählen können, in der sie zur Welt kommen und sich inkarnieren wollte, denn sie war bereits frei. Vor dieser Inkarnation hatte sie die Fähigkeit erlangt, ihre irdischen Bedingungen wählen zu können. Wer die Wahrheit mit sich bringt, ist frei und nicht mehr abhängig vom Karma. Er kann den Ort und die Familie wählen, wo er geboren wird.

Sah Amena die anderen an, fühlten diese, dass die Welt der Wahrheit wirklich existiert, und dass sie selbst sie finden konnten, denn Amenas Augen bezeugten dies auf lebendige Weise. Es genügte, sie anzuschauen, um in ihnen die Botschaft zu lesen, dass es im Leben kostbare Dinge gibt, Schätze, über die man nicht diskutieren, sondern die man in sich tragen sollte. Ihre Augen waren ganz außergewöhnlich: Ein blaues Licht ging von ihnen aus, das bewirkte, dass sich alle Wesen besänftigt fühlten, beruhigt und zufrieden. Dieses Licht, das sie ausstrahlten, beeinflusste die Seelen, indem es sie von allen Qualen, allem Leiden und allen Krankheiten erlöste. In Amenas Gegenwart wurde man stärker und kraftvoller.

Porträt einer jungen Frau
Ernest Bieler (1909)

Sie liebte auch die Kontemplation. Sie betrachtete und sah all die Schönheit des Universums: die Blumen, die Berge und vor allem die Sonne. Und sie liebte es, den Sternenhimmel anzuschauen. Nachts stand sie oft auf, um die Sterne zu bewundern. Immer mehr verband sie sich mit dem ganzen Universum, und ihre Seele flog davon und verließ die physische Welt mit ihren Begrenzungen. Ihr Geist reiste in unendliche Welten, in den grenzenlosen Raum. Wenn sie in den Anblick der Sterne versank, konnte sie darin die himmlische Schrift lesen, denn sie verstand, dass jedes Gestirn, jedes Sternbild, jeder Stern die Buchstaben dieser Schrift im Buch der Natur repräsentiert. Sie erhob sich sehr früh, um die Sonne aufgehen zu sehen, denn sie liebte es ebenso, diese zu betrachten. Sie empfand ein großes Bedürfnis nach Kontemplation und Anbetung, und das zeichnete sie aus.

*D*ie Gesetze des Karmas entscheiden über den Platz jedes Einzelnen

Auch wenn wir darunter leiden, uns an diesem oder jenem Platz zu befinden, haben wir nicht immer die Möglichkeit oder die Wahl, dies zu ändern. Es sind die Gesetze des Karmas, die Gesetze des Schicksals, die über den Platz jedes Einzelnen entscheiden, sei es, dass er diesen verdient hat oder dieser für seine Entwicklung am besten ist. Wenn er sich entzieht und einen Platz einnimmt, der ihm beneidenswerter und bequemer erscheint, verschlimmert er nur seine Situation. Wer intrigiert und sich so eines Platzes bemächtigt, der für jemand Würdigeren reserviert war, wird ihn auf die ein oder andere Weise wieder verlassen müssen. Wer hingegen bescheiden im Hintergrund bleibt, kann berufen werden, die höchsten Funktionen einzunehmen.

Das Rad des Lebens

Tibetische Malerei – Foto Nagarjun Kandukuru

Manchmal setzt sich im Theater ein Zuschauer ohne Skrupel in die erste Reihe – in der Hoffnung, dass niemand kommt, um ihn zu verjagen. Aber plötzlich nähert sich eine Platzanweiserin, fragt ihn nach seiner Eintrittskarte und schickt ihn dann in die letzte Sitzreihe, ganz oben auf der Galerie. Und derjenige, der diesen Sitz reserviert hatte, kommt und nimmt Platz. Ja, und so ist es auch im Leben. Hat also im Moment jemand den Platz inne, der eigentlich euch zusteht, dann macht euch keine Gedanken. Die Platzanweiserin wird kommen und der Usurpator vertrieben. In diesem großen Welttheater bekommt jeder eine Nummer, die seinem Platz entspricht, und es liegt an ihm, diese Nummer zu finden und zu interpretieren.

Zuschauerraum im Alten Burgtheater in Wien,
Gustav Klimt (1888)

So wie der Fisch im Wasser, der Maulwurf unter der Erde, der Vogel in der Luft und der Salamander, wie es heißt, im Feuer, muss jedes Wesen seinen Platz finden. Und was ist der Platz des Menschen? Das gesamte Universum. Und in diesem Universum hat alles, woraus er besteht, eine Verbindung mit einem der vier Elemente: der physische Körper mit der Erde, das Herz mit dem Wasser, der Verstand mit der Luft, und die Seele und der Geist sind verbunden mit dem Feuer.

Der alte Bettler von Varna

Und hier nun eine wahre Geschichte. In meiner Jugend lebte ich in Bulgarien, in der Stadt Varna. Am Eingang einer Kirche stand gewöhnlich ein alter Bettler. Begleitet von einem Freund ging ich manchmal hin, um mit ihm zu sprechen. Er erzählte uns viele schöne Dinge, und so fanden wir Gefallen daran, ihm zuzuhören, auch wenn er ungewaschen war, und seine Haare und der Bart zerzaust waren. Eines Tages sagten wir uns, dass wir diesen sympathischen Menschen nicht in so einer bedauernswerten Lage belassen könnten. Wir müssten etwas für ihn tun.

Ich kannte eine Dame, die aufgrund ihrer Stellung bei den Behörden vorsprechen könnte. Sie hatte unter anderem die Bücher des französischen Astronomen Camille Flammarion ins Bulgarische übersetzt. Mit meinem Freund ging ich sie also besuchen, um ihr unser Anliegen vorzustellen. Sie versprach, etwas zu unternehmen, und so wohnte der Bettler bald in einem Altersheim der Stadt, war sauber und korrekt gekleidet und es fehlte ihm an nichts mehr. Wir waren sehr froh, aber wie groß war unser Erstaunen, als wir eines Tages erfuhren, dass er aus seiner festen Bleibe fortgelaufen war, um wieder am Kircheneingang zu betteln! Was für eine Lehre für uns! Ja, der Platz… an welchem Ort fühlen sich die Menschen an ihrem Platz…

Der englische Bettler

Ferdinand-Victor-Eugène Delacroix (1798-1863)

Vom Paradox der menschlichen Seele: die Geschichte der Zigeunerin

Zigeunerin
Büste aus Terrakotta (Detail) von Friedrich Goldscheider (1845-1897)

Eines Tages begegnete ein Prinz, der durch sein Königreich reiste, einer Zigeunerin, die am Wegesrand bettelte. Sie war in Lumpen gekleidet und trug auf ihrer Schulter einen langen Stock, an dem ein noch längerer Sack befestigt war. Trotz ihrer ärmlichen Kleidung sah der Prinz, dass sie sehr schön war. Er verliebte sich in sie und nahm sie zur Frau. Natürlich hoben die Seide, der Samt, die Perlen und Edelsteine, die sie nun trug, ihre Schönheit noch strahlender hervor. Aber bald bemerkte der Prinz etwas Befremdliches. Von Zeit zu Zeit verschwand die Prinzessin. »Aber wo geht sie nur hin? Was macht sie?«, fragte er sich.

Eines Tages beschloss er, dieses Geheimnis zu lüften und folgte ihr, ohne dass sie es bemerkte. Er sah, wie sie durch eine verborgene Tür in ein anderes Zimmer ihrer Gemächer ging, wo sie sich einschloss. Er wartete einen Moment und blickte dann, von Neugier geplagt, durchs Schlüsselloch. Und was sah er da? Die Prinzessin hatte sich das Gesicht mit Ruß beschmiert und die wunderbaren Kleider durch ihre alten Lumpen ersetzt. Sie trug ihr Bündel auf der Schulter und schritt weit aus, wobei sie ihren Stock bedrohlich schwang, um ein Rudel imaginärer Hunde fortzujagen. Sie brauchte es, von Zeit zu Zeit in ihre alte Haut als Zigeunerin zu schlüpfen, um weiterhin ein Leben zu ertragen, in dem ihr als Frau alle Wünsche erfüllt wurden.

Wir sitzen alle im selben Boot

Kreuzfahrtschiff im kanadischen Meer
Foto 7018294 - © Nishapl | Dreamstime.com

Stellt euch vor, ihr reist auf einem Passagierschiff: Es hat seinen Kurs, muss in diesem oder jenem Hafen anlegen und ihr habt keine Möglichkeit, es zu verlassen. Aber auf dem Schiff habt ihr die Wahl: Ihr könnt lesen, mit euren Nachbarn sprechen, essen, trinken, tanzen, in eurer Kabine schlafen oder an Deck gehen, um den Himmel zu betrachten, die Wellen, usw. Es gibt unzählige Möglichkeiten.

Diesem Bild eines Passagierschiffs entspricht das Schicksal der Menschen. Sie befinden sich alle an Bord eines Schiffes, dessen Kurs die himmlischen Mächte festgelegt haben und niemand hat die Möglichkeit, daran etwas zu ändern. An Bord können sie ihre Zeit nach Gutdünken verbringen: in Frieden leben oder einander bekämpfen, sich vervollkommnen oder sich abwerten. Die Route aber hängt nicht von ihnen ab. Die Etappen, die die Menschheit, das Sonnensystem und selbst der ganze Kosmos zu meistern haben, wurden im Voraus festgelegt und daran lässt sich nichts ändern.

Unter oder über den Wolken

Wenn ihr euch unterhalb der Wolken befindet und zu ihnen sagt: »Verschwindet, ich brauche Sonne!«, werden die Wolken trotzdem in aller Seelenruhe den Himmel weiter verdüstern, und ihr bleibt im Dunklen und in der Kälte. Sobald sie sich entfernen, werdet ihr euch besser fühlen, aber schon bald werden sie zurückkehren. So verläuft euer Leben. Wisst ihr, wann die Wolken fortziehen und wann sie wiederkommen? Nein. Wisst ihr, wie lange ein Wesen, das ihr liebt, bei euch bleiben wird? Auch das nicht. Eines Tages wird es euch vielleicht verlassen oder jemand wird es euch wegnehmen und ihr werdet euch in der Kälte wiederfinden.

Solange ihr auf der physischen, der astralen oder mentalen Ebene bleibt, haltet ihr euch unterhalb der Wolken auf und seid allen Wetterwechseln ausgesetzt. Bemüht euch daher, mit eurem Bewusstsein höhere Ebenen zu erreichen, wo die äußeren Umstände keinerlei Macht über euch haben. Steigt empor bis zur Kausalebene, wo die Sonne der Liebe niemals untergeht. Schwingt euch auf ins Licht dieser ewigen Sonne.

Tragt ihr die Menschen, die ihr liebt, in euch, wird keine Macht der Welt sie euch nehmen können. Geschieht es doch, dann einfach deshalb, weil ihr euch zu weit unten aufgehalten habt, unterhalb der Wolken. Steigt wieder auf, und ihr werdet entdecken, dass die Liebe euch nie verlassen hat.

Lenticularis-Wolken über Mount Shasta, Kalifornien

Heraustreten aus den Begrenzungen

Sorgt dafür, König in eurem eigenen Königreich zu werden – und nicht länger dieser armselige, gestürzte Monarch zu sein, den seine Untertanen in einen Kerker geworfen haben, wo er den Himmel nur durch eine winzige Dachluke sehen kann und jeden Tag nur ein Stück Brot und ein wenig Wasser bekommt. Die meisten Menschen führen das Dasein eines Gefangenen, sind sich dessen aber nicht bewusst. Sie bilden sich sogar noch ein, dass sie es sind, die regieren.

Gott hat den Menschen nach seinem Bild erschaffen. Der Mensch aber hat sich von ihm entfernt und muss nun wieder zu ihm zurückfinden und seine ursprüngliche Würde wiederherstellen.

Um sich von den Begrenzungen zu befreien, die die Gestirne ihm auferlegen, gibt es für den Menschen nur einen Weg: Er muss daran arbeiten, ganz bewusst die Verbindung zu Gott wieder zu etablieren, um in die Freiheit des Geistes einzutreten. Diese Freiheit, nach der wir uns alle sehnen, ist das Letzte, was wir erreichen werden. Deshalb wird die Freiheit als »Krone der Spiritualität« bezeichnet. Diese Krone ist ein Kreis aus Licht, den der Eingeweihte symbolisch über seinem Kopf trägt, um zu zeigen, dass er aus dem Kreis der irdischen Beschränkungen herausgetreten ist.

Stehender Buddha mit Heiligenschein aus der Region Gandhara

1.- 2. Jhd. – Nationalmuseum Tokio

Der Stern als geometrische Figur und Symbol in den Schriften

Das Pentagramm

Das Pentagramm, der fünfzackige Stern, ist als Symbol sehr weit verbreitet. Es wurde nicht nur von vielen Geheimgesellschaften übernommen und spielt eine große Rolle in Abhandlungen über Magie, sondern man sieht es im Grunde überall: auf den Flaggen verschiedener Länder, bei militärischen Orden, auf Jahrmärkten, in Varietés usw. Manche Personen tragen es auch als Schmuckstück oder Anhänger…

Man kann sagen, dass das Pentagramm schematisch den Menschen darstellt: mit dem Kopf, zwei Armen und den gegrätschten Beinen. Diesem Wesen wurde die Möglichkeit gegeben, die Welt zu erkennen und mittels der fünf Sinne auf sie einzuwirken – mit dem Sehsinn, dem Gehör, dem Geruchssinn, dem Geschmacks- und dem Tastsinn. Dieser steht der Materie am nächsten, und die Hand mit ihren fünf Fingern ist sein Hauptorgan, so wie der Fuß fünf Zehen hat.

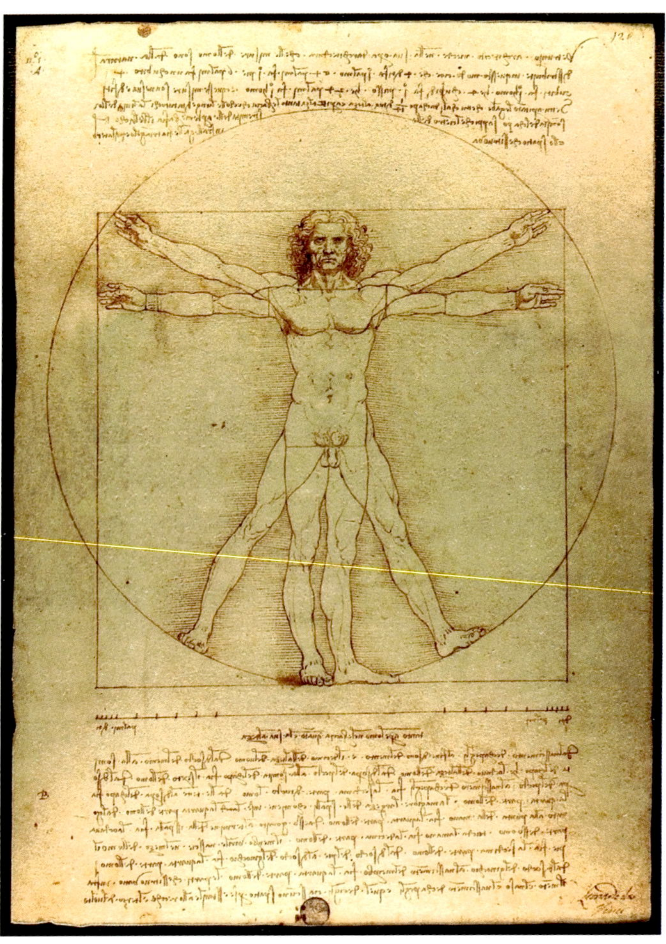

Der vitruvianische Mensch
Leonardo da Vinci (um 1492)

Das Pentagramm und die fünf Tugenden Christi

Zu den Verzierungen im Saal, in den Meister Peter Danov uns eintreten ließ, gehörte ein Pentagramm, ein fünfzackiger Stern von wunderbarer Schönheit. Bis zu diesem Tag hatte ich noch in keinem Werk eine so wundervolle Ausfertigung gesehen. In seiner Mitte waren Symbole eingeschrieben – darunter ein Baum mit Früchten – und auf den fünf Spitzen des Sterns standen die Namen der fünf Tugenden: Güte, Gerechtigkeit, Liebe, Weisheit und Wahrheit, und damit die fünf Tugenden Christi, des vollkommenen Menschen.

Das Pentagramm
Gemalt von Franz Shlambora nach Anweisungen von Peter Danov (1922)

Es sind diese fünf Tugenden, die zu entwickeln wir uns in erster Linie bemühen sollten. Deshalb gab uns Meister Peter Danov den folgenden Leitspruch:

Verankere die Güte als Fundament in deinem Leben,
die Gerechtigkeit als Maß,
die Weisheit als Grenze,
die Liebe zur Ergötzung
und die Wahrheit als Licht.

Denkt man über den Sinn dieses Gebots nach, wird man es außerordentlich zutreffend finden.

Die Güte ist das einzige solide Fundament, auf dem ein Gebäude ruhen kann. Dieses mag noch so schön und intelligent gebaut sein: Es wird einstürzen, wenn die Güte ihm keinen Halt gibt.

Die Gerechtigkeit ist eine Qualität des richtigen Maßes. Gerecht zu sein erfordert die Fähigkeit, immer im Gleichgewicht zu bleiben, so wie die Waage, ihr Symbol. Dazu gilt es auf der einen Seite ein wenig hinzuzufügen, auf der anderen ein wenig wegzunehmen, je nachdem, wie und wann es nötig ist …

Die Weisheit wiederum ist eine Grenze, dank derer wir uns vor äußeren und inneren Feinden, die uns bedrohen, schützen können.

Ohne Liebe erscheint uns das Leben öde und fad. Selbst wenn wir alles besitzen, Reichtum, Wissen oder Ruhm etwa, ohne Liebe finden wir keinen Geschmack am Leben.

Was die Wahrheit betrifft, so ist sie das Licht, das unseren Weg erhellt. Ohne sie sind wir im Dunkeln verloren und irren umher.

Diese Tugenden sind sehr wichtig für unsere Entwicklung, da auch eine Verbindung zwischen ihnen und den verschiedenen Teilen unseres Körpers besteht: Die Güte ist mit den Beinen verbunden, die Gerechtigkeit mit den Händen, die Liebe mit dem Mund, die Weisheit mit den Ohren und die Wahrheit mit den Augen. Die Wahrheit wiederum gehört dem Geist an, die Liebe der Seele, die Weisheit dem Verstand, die Güte dem Herzen und die Gerechtigkeit dem Willen.

Statue der Justitia

Giebelfeld im Gebäude des ehemaligen Obersten Gerichtshofes in Singapur

Die Quintessenz – Das fünfte Element

Man kann auch noch eine Entsprechung finden zwischen diesen fünf Prinzipien, aus denen die menschliche Psyche besteht, und den fünf Elementen Erde, Wasser, Luft, Feuer und Äther. Warum spricht man von einer Quintessenz*? Die Quintessenz ist das fünfte Element, die fünfte Essenz, die Quinta Essentia, die Synthese der vier anderen. Der Erde entspricht der Wille, dem Wasser das Herz, der Luft der Verstand, dem Feuer die Seele und dem Äther der Geist.

Die Natur erhält Geschenke von den vier Elementen

Bon Boullogne (1688)

Durch seinen Willen, seinen Verstand, sein Herz, seine Seele und seinen Geist steht der Mensch also in Verbindung mit den fünf Elementen, die im Kosmos wirken, und er selbst kann bewusst in Harmonie mit ihnen arbeiten. Dies ist der Sinn des Symbols des kleinen Pentagramms, das in das große Pentagramm eingeschrieben steht: Der Mensch als Mikrokosmos lebt und arbeitet innerhalb des Universums, dem Makrokosmos, und damit in Gott.

* »Kristalle und Edelsteine sind aus der Quintessenz der Erde entstanden. Die reinsten und lichtvollsten Elemente der Erde sind zu Edelsteinen geworden. Die Quintessenz des Wassers, das sind die Blumen, und zwar die allerschönsten. Die Quintessenz der Luft, das sind die Vögel. Und die Quintessenz des Feuers schließlich, das sind die Eingeweihten, die auf der Erde die Repräsentanten Gottes sind. Nun seid ihr erstaunt, nicht wahr; so etwas hättet ihr gewiss nicht erwartet. Das wird im Übrigen auch nirgendwo erwähnt. Und die Quintessenz dieser Quintessenzen, das ist die Welt der Engel bis hin zu Gott; das ist die Leiter, auf der der biblische Jakob im Traum lichtvolle Wesen auf- und niedersteigen sah.«

Aus Band 12 »Die Gesetze der kosmischen Moral«, Kapitel 11.

Wie man das Pentagramm verwendet

Es ist wichtig, die Bedeutung der Symbole zu kennen, denn sie stehen mit Geistern der unsichtbaren Welt in Verbindung. Verwenden wir diese Symbole, ist es so, als würde man diesen Geistern einen Befehl erteilen, gewisse Energien in Bewegung zu setzen. Wenn ihr ein Pentagramm verwenden wollt, achtet daher zunächst darauf, es korrekt auszurichten, das heißt mit der Spitze nach oben. In dieser Position stellt es den Menschen dar, dessen Denken auf Gott ausgerichtet sind. Alle seine anderen Aktivitäten, die von den Armen und Beinen repräsentiert werden, sind dieser Arbeit im Dienst des Göttlichen untergeordnet.

Das umgekehrte Pentagramm hingegen repräsentiert den Menschen mit dem Kopf nach unten. Er bringt sich nicht mehr in Übereinstimmung mit der Göttlichen Ordnung und das genau ist die Haltung des Teufels. Warum hat man den Kopf eines Ziegenbocks als Symbol des Teufels gewählt? Weil er mit seinen Hörnern, seinen Ohren und seinem Bart die Form eines umgekehrten Pentagramms hat.

Unio Mystica (Mystische Vereinigung)
Johfra Bosschart (1973)

Wie die Magier das Pentagramm verwenden

Im Sephiroth-Baum, dem Lebensbaum, ist Geburah die fünfte Sephira, und die Kabbalisten ordnen ihr den Planeten Mars zu. Geburah stellt also die kämpferische Energie dar, die uns beschützt und Feinde zurückweist. Das erklärt die Art und Weise, wie Magier das Pentagramm verwenden: Sie platzieren es an der Tür ihrer Wohnung oder ihres Hauses, um höllischen Geistern den Zutritt zu verwehren und lichtvolle Geister bei sich zu behalten. Natürlich reicht es nicht, ein Pentagramm am Eingang seines Hauses aufzuhängen, um beschützt zu sein. Dieses Symbol entfaltet nur für den seine Wirksamkeit, der daran arbeitet, selbst zu einem Pentagramm zu werden.

Das Pentagramm ist sozusagen wie das Skelett einer Wesenheit aus der Astralwelt, das man beleben muss.

Und man kann dieses Symbol nur beleben, indem man selbst ein rechtschaffenes, aufrichtiges Leben im Dienst des Lichtes führt.

Bevor ihr euch abends hinlegt, könnt ihr mit der rechten Hand ein Pentagramm in die Luft zeichnen und so die besten Bedingungen dafür schaffen, um in Frieden und Harmonie mit allem einzuschlafen. Tut dies in dem Bewusstsein, für was es steht, damit seine wohltuenden Schwingungen den Raum durchqueren und verstärkt zu euch zurückkommen. Auf diese Weise macht ihr Fortschritte auf dem Weg der Vervollkommnung.

Griechische Ares-Statue (Mars)
Villa Adriana – Tivoli (Italien)
Foto 42343066 © Alessandro0770 | Dreamstime.com

Bereitet euch jeden Abend auf den Schlaf vor wie auf eine heilige Reise

Man muss die Notwendigkeit verstehen, sich jeden Abend auf den Schlaf wie auf eine heilige Reise vorzubereiten. Nur so wird man eines Tages bereit sein für diese andere, noch viel entscheidendere Reise: den Tod. Wie vielen Menschen gelingt es nicht, sich von ihrem physischen Körper zu lösen! Starke Bindungen halten sie zurück. Als sie noch lebten, hegten sie in ihren Herzen und in ihrer Seele nicht den Wunsch, andere Räume zu entdecken und sich Gott zuzuwenden. Sie dachten nur an ihre materiellen Angelegenheiten, an Geld, an Vergnügungen, so als ob es nichts anderes gäbe.

Die Nacht und der Schlaf

Evelyn De Morgan (1878)

Wie also sollen sie akzeptieren, all das los- und zurückzulassen? Lange Zeit noch schleichen sie um ihre Körper herum, um die Orte, an denen sie gelebt haben, um die Wesen, die sie kannten. Und sie leiden schrecklich, obwohl die lichtvollen Geister kommen, die Diener Gottes, um ihnen dabei zu helfen, sich zu befreien. Andere hingegen verlassen augenblicklich ihren physischen Körper. Sie lassen ihn fallen wie ein altes, abgetragenes Kleidungsstück, um in ein Gewand aus Licht zu schlüpfen.

Aus dem Hexagramm wird das Leben geboren

Die Figur des Hexagramms, auch »Siegel des Salomons« genannt, besteht aus zwei entgegengesetzten Dreiecken, die sich überschneiden: Das Dreieck mit der Spitze nach unten stellt das männliche Prinzip dar, den Geist, und das Dreieck mit der Spitze nach oben das weibliche Prinzip, die Materie. Der Geist strebt der Materie zu und die Materie dem Geist. Sie bewegen sich aufeinander zu, um sich zu vereinen. Denn damit wahrhaftig Schöpfung entsteht, muss der Geist zur Materie herab- und die Materie zum Geist emporsteigen. Treffen sie sich, wird das Leben geboren.

Tibetisches Mandala

Gemälde aus dem XIX. Jahrhundert in der Tradition Naropas – Vajrayogini (eine der weiblichen Manifestationen der transzendenten Weisheit) steht im Zentrum von zwei roten, sich durchdringenden Dreiecken Rubin Museum of Art (New York).

Die Zirkulation der Energien von einer Welt in die andere wird nicht nur dadurch dargestellt, dass die zwei Dreiecke sich überschneiden, sondern auch dadurch, dass sie miteinander kommunizieren. Die Einheit ist die Wahrheit der Schöpfung: Dank der Beziehungen, die sie miteinander eingehen, werden oben und unten, das Höhere und das Niedere, der Geist und die Materie eins miteinander und in dieser Verschmelzung bereichern sie einander unaufhörlich. Das Niedere wird von dem Höheren absorbiert und gleichzeitig wird es zum materiellen Gefäß davon.

Das Siegel Salomons birgt eine ganze Wissenschaft

Der große Saal in »Le Bonfin« bei Fréjus, Südfrankreich

Ihr seht hier zwei Dreiecke: das eine mit der Spitze nach oben, das andere mit der Spitze nach unten (im Vortragssaal des Bruderschaftszentrums Le Bonfin fällt von Osten Licht durch Buntglasfenster, die zwei Dreiecke und ein Pentagramm darstellen). Dem Anschein nach sind diese Dreiecke voneinander getrennt. Warum? Einige von euch wissen bereits, dass diese beiden Dreiecke auch die Symbole von Mann und Frau sind. Das männliche Dreieck ist blau und weist mit seiner Spitze nach unten, denn es repräsentiert den kosmischen Geist, der unablässig zur Erde hinabsteigt, zu den Menschen, um sie zu beleben, zu durchgeistigen und ihnen einen Teil seiner Energie zu bringen. Er stellt die Involution dar. Und das weibliche, rote Dreieck zeigt mit seiner Spitze nach oben, denn es ist das Symbol der Materie, die aufsteigt, um ihren Geliebten, den Geist, wiederzutreffen. Das ist die Evolution. Beide legen die Hälfte des Weges zurück, und wenn sie einander begegnen, umarmen sie sich, verschmelzen miteinander und gehen auf in der Fülle. Diese Begegnung von Geist und Materie wird durch das Salomonssiegel symbolisiert, das man auch Hexagramm nennt. Dieses Symbol enthält eine ganze Wissenschaft.

In den esoterischen Büchern wird oft vom Salomonssiegel gesprochen, aber nur sehr wenige haben die Tiefe und die magische Macht dieses Symbols verstanden. Seine Macht entsteht aus der Begegnung und der gegenseitigen Durchdringung dieser zwei Dreiecke, der beiden Prinzipien. Der Eingeweihte, in dem sie miteinander verschmolzen sind, wird androgyn genannt. Jemand aber, der nur ein Dreieck darstellt – das des Mannes oder das der Frau –, ist geschwächt und nicht im Vollbesitz seiner Kräfte und Möglichkeiten. Deshalb sucht er nach seiner anderen Hälfte, nach dem anderen Dreieck, um mit ihm zusammen das Siegel des Salomons zu bilden. Alle streben nur danach, zu Salomonssiegeln zu werden, deshalb suchen sie einander.

Die Männer suchen die Frauen, und die Frauen suchen die Männer. Es ist ihnen nicht bewusst, aber sie wollen zu Salomonssiegeln werden.

Geometrische Studie der Kopie der Mona Lisa
Théodore Chassériau (1819-1856) – Kanon der Beuroner Kunstschule

Der Stern von Bethlehem

Jedes Jahr am 25. Dezember geht um Mitternacht das Sternbild Jungfrau am östlichen Horizont auf. Deshalb sagt man, Jesus sei von einer Jungfrau geboren. Gegenüber erscheint das Sternbild Fische und oben, in der Himmelsmitte, ist das wunderschöne Sternbild Orion zu sehen. In seinem Zentrum reihen sich drei Sterne nebeneinander auf, die volkstümlich die Heiligen Drei Könige repräsentieren. Egal, ob das Datum der Geburt Jesu nun genau stimmt oder nicht: Uns interessiert, dass sich in der Natur zu diesem Zeitpunkt die Geburt des Christusprinzips ereignet. Und dieses Fest wird auch im Himmel begangen: Die Engel singen, und alle Heiligen, die großen Meister und die Eingeweihten sind vereint, um zu beten, den Ewigen zu rühmen und die Geburt Christi zu feiern, der tatsächlich im Universum geboren wird...

Der Überlieferung nach ist Jesus also während einer Winternacht in einem Stall zur Welt gekommen, in Dunkelheit, Kälte und Armut... Man kann sich kaum schlechtere Bedingungen vorstellen. Aber über diesem Stall strahlt ein Licht. Und dieses Licht, das durch den Fünfstern repräsentiert wird, ist eine Realität.

Dieser Fünfstern, das Pentagramm, das über dem Stall erstrahlt, ist das Symbol der spirituellen Verwirklichung... Derjenige, der daran gearbeitet hat, Christus in sich zur Welt zu bringen, strahlt ein Licht aus. Dieses Licht wird eines Tages schon von Weitem von anderen wahrgenommen. Sie spüren, dass hier etwas ganz Besonderes geschehen ist. Sogar sehr hochstehende Persönlichkeiten verstehen, dass sie von diesem Wesen etwas lernen können, und brechen auf, um es zu finden. Deshalb heißt es im Matthäus-Evangelium, dass die Weisen aus dem Morgenland nach Jerusalem kamen und fragten:

Der Stern von Bethlehem

Illustration für das Werk »Religion à la maison« von Charlotte Mary Yonge (1823-1901)

Wo ist der neugeborene König der Juden?
Wir haben seinen Stern im Osten aufgehen sehen
Und sind gekommen, ihn anzubeten.

Die Heiligen Drei Könige, denen die Überlieferung die Namen Melchior, Balthasar und Kaspar gegeben hat, waren in ihren Ländern religiöse Führer. Sie verstanden es, die Sterne zu lesen, und nachdem sie bestimmte Planetenstände beobachtet hatten, zogen sie die Schlussfolgerung, dass diese ein außergewöhnliches Ereignis ankündigten. Die Geburt Jesu entspricht also auch einem Phänomen, das sich vor 2000 Jahren am Himmel ereignet hat.

Der Stern von Bethlehem
Elihu Vedder
(1879-1880)

Die Heiligen Drei Könige brachten, wie man sagt, Gold, Weihrauch und Myrrhe, und jedes dieser Geschenke hat seinen symbolischen Wert. Das Gold bedeutet, dass Jesus König war. Gold ist die Farbe der Weisheit, deren Glanz über dem Kopf eines Eingeweihten erstrahlt wie eine Krone aus Licht. Der Weihrauch bedeutet, dass Jesus Priester war. Man verbrennt Weihrauch in den Heiligtümern, um dunkle Geister fernzuhalten und himmlische Wesenheiten anzuziehen. Er gehört also in den Bereich der Religion, das heißt, auch des Herzens. Die Myrrhe indes verwendete man im Alten Ägypten, um die Körper einzubalsamieren und so vor Verwesung zu schützen. Sie ist ein Symbol der Unsterblichkeit. Die Heiligen Drei Könige haben also Geschenke gebracht, die den drei Bereichen der Gedanken, der Gefühle und des physischen Körpers entsprechen.

Nichts ist wichtiger, als an der Geburt des Göttlichen Kindes in euch zu arbeiten. In diesem Moment werden die Erde und der Himmel zu singen beginnen: In allen vier Himmelsrichtungen werden die Wesen verstehen, dass ein neues Licht geboren wurde, und sie werden kommen, um euch zu besuchen und euch Geschenke zu bringen. Natürlich wird es auch einen Herodes geben, der außer sich sein und in dem Wunsch, Jesus zu töten, von den Heiligen Drei Königen verlangen wird: »Geht nur und erkundigt euch über dieses Kind, und wenn ihr es gefunden habt, lasst es mich wissen, damit auch ich es anbeten kann.« Aber glücklicherweise wird es auch Engel geben, die kommen, um euch zu warnen, so wie der Engel, der zu Josef sagte: »Nimm das Kind und seine Mutter und fliehe nach Ägypten, denn Herodes wird nach ihm suchen lassen, um es zu töten.«

Auch die drei Weisen erhielten vom Himmel den Befehl, nicht zu Herodes zurückzukehren, und so reisten sie auf einem anderen Weg in ihre Heimat zurück. Das bedeutet, dass alle, die zu Jesus kommen, zum Christusprinzip, nicht mehr dem gleichen Weg folgen können wie zuvor. Sie müssen eine andere Richtung einschlagen.

Ja, dieses Licht, dieser Stern, der über dem Stall erstrahlte, bedeutet, dass von jedem Eingeweihten, der den lebendigen Christus in sich verwirklicht hat, immer ein Licht ausgeht. Ein Licht, das beruhigt und nährt, das tröstet, heilt, reinigt und belebt.

Die Drei Könige
George Spencer Watson (1869-1934)

Das göttliche Kind in seiner Seele zur Welt bringen

Mit unserer ersten Geburt betreten wir die physische Welt, die wir studieren sollen und wo wir daran zu arbeiten haben, uns zu entwickeln. Aber das allein genügt nicht. Es gibt noch eine andere Welt, die reines Licht ist, reine Liebe und reine Schönheit, und auch diese Welt sollen wir eines Tages betreten, um ihre Blumen zu betrachten, ihre Seen, Berge…

Ihr werdet fragen: »All das existiert auch in jener Welt?« – Ja, und es gibt sogar riesige Geschäfte, wo ihr alles kaufen könnt, was ihr wollt. – »Und mit welchem Geld?« – Ihr braucht kein Geld; eure Liebe wird euch als Zahlungsmittel dienen: Dort oben seid ihr reich, wenn ihr von Liebe erfüllt seid, und ihr könnt damit alles kaufen.

Das Sonnenkind
Dora Hitz (1895)

Ihr werdet geboren, aber gleichzeitig kommt in euch noch jemand zur Welt: Ein Kind, dessen Vater Gott Selbst ist. Dann ist die menschliche Seele zu einer Mutter geworden, der es gelungen ist, dank ihrer Tugenden den kosmischen Geist anzuziehen. Der kosmische Geist ist immer da, immer gegenwärtig, er wartet nur darauf, uns zu durchdringen und uns seine Geschenke zu bringen. Aber wie soll er eintreten können, wenn alles in euch verschlossen und verbarrikadiert ist? Nur derjenige kann den Geist anziehen, der sich dazu entschließt, das Reich Gottes auf Erden zu verwirklichen und sein Leben diesem Weg zu weihen. In diesem Moment öffnet sich etwas in seinem Herzen, in seiner Seele, und wie bei einem Feuerwerk sprühen Funken hervor, die über seinem Kopf eine Krone bilden.

Die Blumenhändlerin
Kate Perugini (1839-1929)

Mit der Universalseele in Einklang kommen

Betrachtung einiger großer Gesetze, die das Fundament der Schöpfung sind

IV

Als der Ewige einen Kreis zog über der Tiefe

Der Alte der Tage
William Blake (1794)

Der Herr hat mich schon gehabt am Anfang Seiner Wege,

ehe Er etwas schuf, von Anbeginn her.

Ich bin eingesetzt von Ewigkeit her, im Anfang, ehe die Erde war.

Als die Tiefe noch nicht war, ward ich geboren,

Ich war da, als er den Kreis zog über der Tiefe.

Als Er die Grundfesten der Erde legte, da war ich beständig bei Ihm,

Ich war Seine Lust täglich und spielte vor Ihm allezeit;

Ich spielte auf Seinem Erdkreis und hatte meine Lust an den Menschenkindern.

Bibel, Buch der Sprüche 8, 22-31

Ab dem Moment, in dem Gott sich manifestiert hat durch seine Schöpfung, hat Er sich auch Grenzen gesetzt, und das Universum, das Er geschaffen hat, ist wiederum begrenzt durch Raum und Zeit. Selbst wenn mehrere Universen nebeneinander existieren sollten, so ist jedes doch von klar definierten Grenzen umgeben, die verhindern, dass sie sich auflösen. Innerhalb dieser Grenzen manifestiert sich das Leben. Verlöre das Universum seine Grenzen, würde es in die Tiefe, in den Urgrund des Ewigen zurückkehren. Alles würde verschwinden…

Indem Er einen Kreis über diesem Abgrund zog, hat Gott also die Grenzen der Schöpfung festgelegt, und Er hat diesen Kreis mit seiner eigenen Quintessenz gefüllt. Als diese sich materialisierte, ist sie zur Substanz des Universums geworden, und in dem Maße, wie sie sich materialisiert hat, hat auch Gott akzeptiert, sich zu begrenzen. Von den unerreichbaren Regionen des reinen Lichts, und noch darüber hinaus, bis hinunter zum Gestein, wo wir Ihn berühren können, ist Er allgegenwärtig in Seiner Schöpfung.

Am Anfang schuf Gott Himmel und Erde

Die Bibel beginnt mit der Schöpfungsgeschichte. Aber wie ist diese Erzählung zu verstehen? Noch heute lesen Juden und Christen sie so, als handelte es sich um historische Ereignisse: Gottes Wort habe in sechs Tagen aus dem Nichts das Universum und alle Geschöpfe hervorgehen lassen. Es ist nicht vernünftig, sich an solche Glaubensvorstellungen zu klammern, denn sie entbehren jeglicher Grundlage. Viele wissenschaftliche Entdeckungen, die sich nicht bestreiten lassen, haben das bewiesen. Wobei das nicht wichtig ist. Das Wesentliche ist zu verstehen, dass diese Schöpfungsgeschichte einen sehr tiefen Sinn hat, auch wenn es dafür gerade keinen wissenschaftlichen Nachweis gibt. Alles darin ist symbolisch gemeint, und wer dies zu interpretieren vermag, findet in dieser Erzählung Offenbarungen über den Schöpfer, das Universum und den Menschen.

Die Erschaffung der Welt
Melchior Bocksberger (1530-1587)

Liest man das Buch Genesis, entdeckt man, dass das Erscheinen des Lichts das erste Ereignis der Schöpfungsgeschichte darstellt. Am ersten Tag sagte Gott: »Es werde Licht!« Das Licht war also das erste Wesen, das Gott aus dem Chaos hervortreten ließ. Am zweiten Tag trennte Gott die oberen Wasser von den unteren. Am dritten Tag sammelte Er die Wasser an einem einzigen Ort, um für die Erde Platz zu machen, damit sie Samen hervorbringe. Und erst am vierten Tag schuf Er die Sonne, den Mond und die Sterne…

Aber was war das dann für ein Licht, das am ersten Tag erschaffen wurde, an dem es die Sonne noch gar nicht gab? Es war das ursprüngliche Licht. Dieses kommt nicht von der Sonne, die wir sehen, und ihm verdanken wir die Möglichkeit zu erkennen.

Illustration einer Galaxie in der Frühphase des Universums

Beherrscht von einem supermassiven Schwarzen Loch in seinem Zentrum, das alle Materie anzieht, wodurch eine starke Strahlung entsteht

© NASA/ESA/ESO/Wolfram Freudling (STECF)

Der vierte Tag der Schöpfung

Gott sprach: »Es werden Lichter an der Feste des Himmels, die da scheiden Tag und Nacht.«

Genesis 1:14

So hat Gott also am vierten Tag die Sonne, den Mond und die Sterne erschaffen. Wenn wir davon ausgehen, dass die Schöpfungsgeschichte symbolisch gemeint ist, dann fragen wir uns nicht, wie die Erde während der ersten drei Tage erhellt wurde. Aber da Gott am ersten Tag gesagt hatte »Es werde Licht!« und die Sonne aber erst am vierten Tag schuf, muss es zwei Arten von Licht geben: das unsichtbare Licht, das die Quintessenz der Schöpfung ist, und das sichtbare Licht.

Manche Sprachen haben sogar verschiedene Namen dafür: Im Bulgarischen zum Beispiel gibt es die beiden Worte »svetlina« und »videlina«. Svetlina bezeichnet das physische Licht – und damit die materielle Manifestation von »videlina«, dem unsichtbaren Licht. Und die Sonne, die nicht einfach nur ein Feuerball ist, sondern eine lebendige, bewusste Wesenheit, empfängt dieses unsichtbare Licht, »videlina«, und transformiert es in sichtbares Licht, »svetlina«, dank dessen sie das Universum erhellt.

Der vierte Tag der Schöpfung

Reproduktion eines Holzstichs von Julius Schnorr von Carolsfeld (1794-1872) für »Die Bibel in Bildern« (1860)

Die Analogie als Schlüssel, um die Rolle der Erde innerhalb des Sonnensystems zu verstehen

Die Erde ist ein intelligentes Wesen, aber daran denkt man nie. Stattdessen studiert man sie immer nur aus geografischer Sicht: soundso viele Einwohner, Meere, Ozeane, Seen, Berge, Flüsse… Die Erde ist das unbekannteste, am meisten missachtete und am wenigsten geschätzte Wesen überhaupt, und das bringt größtes Unheil mit sich. Ja, denn wir respektieren unsere Mutter nicht, die uns ihren Körper und auch unseren Körper gegeben hat. Es gibt eine außergewöhnliche Wissenschaft über die Beziehungen des Menschen mit der Erde und sein Verhalten ihr gegenüber: wie er zu ihr sprechen sollte, wie er Kräfte aus ihr schöpfen und ihr alles Schlechte von sich selbst übergeben kann. Denn die Erde verfügt über Fabriken und großartige Laboratorien, in denen sie alles zu transformieren vermag. Und sie tut das unablässig: Allen Abfall, alle Unreinheiten, die man ihr übergibt, verwandelt sie, um daraus Früchte, Blumen, und alles, was nützlich und schön ist, entstehen zu lassen. Sie ist sehr intelligent, die Erde!

Die Kraft der Natur

Von Lorenzo Quinn (Spanien)
Skulptur aus Aluminium und Edelstahl in Singapur
Foto 19032522 © Tonny Anwar | Dreamstime.com

Und was ist die Erde? Sie ist die Tochter einer Mutter, die selbst Tochter einer Mutter ist, die auch wieder die Tochter einer weiteren Mutter ist. Ich drücke mich vielleicht etwas merkwürdig aus, aber so lässt es sich leichter erklären. Es gibt also eine Urgroßmutter, eine Großmutter, eine Mutter und eine Tochter. Nun, die Tochter, das ist die Erde, aber wo sind die anderen?... Also, die Urgroßmutter, das ist die kosmische, unsichtbare Natur, die das ganze Universum geformt hat: die Gemahlin Gottes. Die Großmutter ist das Universum. Und was die Mutter betrifft, so sieht man sie nicht, denn sie befindet sich jenseits der sichtbaren Erde, ihrer Tochter, die eine Repräsentantin von Isis ist, der großen Natur. Und die Kinder der Erde, das sind alle Bäume, alle Früchte, alles, was sie hervorbringt…

Dieser Schlüssel der Analogie öffnet alle Türen, und ihr müsst lernen, diesen Schlüssel zu nutzen.

Die Frauen vom Hügel
Amrita Sher Gil (1935)

Die Universalseele

Die Universalseele ist der Ozean, in dem alles lebt, sich bewegt und sich nährt. Sie ist das kosmische Gefäß der Urmaterie, der erhabenen Energie. Sie ist Akasha, der reinste Äther, in den wir eingetaucht sind. Sie ist überall, sie weiß alles, sie enthält alles, sie leitet alles von einem Ende des Universums bis zum anderen weiter… Und im subtilsten Bereich dieser lebendigen Seele, der die Fülle ist, die Quintessenz, das Allwissen, dort wohnen der Himmlische Vater, die Göttliche Mutter, Christus und der Heilige Geist. Und als der Apostel sagte: »Wir leben in ihr«, sprach er von der Universalseele, die zwar eine Emanation Gottes, aber nicht Gott Selbst ist.

Zu sagen, dass wir in Gott leben, ist in Wahrheit nicht ganz richtig. Wir leben in einer Substanz, die Er verströmt hat. Am Anfang hat Gott ein Licht ausströmen lassen, und diese erste Substanz, die reines Licht war, das ist die Universalseele… Sie ernährt das ganze Universum. Sie enthält alles, und alle Wesen bewegen sich in ihr, so wie die Fische, die im Ozean schwimmen. Dieses Licht besteht außerdem aus verschiedenen, mehr oder weniger subtilen Schichten. Betrachtet die Atmosphäre: Sie ist ein Ozean, in dem wir als Fische einer anderen Spezies schwimmen und leben, so wie die Fische im flüssigen Ozean. Und jenseits dieses Ozeans erstreckt sich ein ätherischer Ozean, in dem wieder andere Wesen leben…

Die Universalseele hat also mehr oder weniger dichte, mehr oder weniger subtile Schichten bis hinauf zum Gipfel, der reines Feuer ist, und wo der Heilige Geist und die Göttliche Mutter wohnen.

Korallenriff
© vlad61 / istock.com

Unsere Seele ist ein unendlich kleiner Teil der Universalseele

Um eine klare Vorstellung von der Natur und den Aktivitäten dieses spirituellen Prinzips, das man »Seele« nennt, zu bekommen, muss man sich zunächst bewusst machen, dass sie nicht in unserem physischen Körper eingeschlossen ist: Sie reicht weit darüber hinaus, und während sie ihn kontinuierlich belebt, reist sie doch in unendlich weit entfernte Regionen des Raumes, um die Wesen dort zu besuchen. Denn die Seele, die in jedem Menschen wohnt, ist ein winzig kleiner Teil der Universalseele. Und sie fühlt sich derart begrenzt und eingeengt im Körper, dass ihr einziger Wunsch darin besteht, sich im Raum auszudehnen, um mit dieser Unendlichkeit zu verschmelzen, der sie angehört.

Das Gedicht der Seele

Erinnerung an den Himmel, Louis Janmot (1814-1892)

Es ist auch ein Irrtum zu glauben, wie es generell der Fall ist, dass die ganze Seele im Menschen enthalten ist. In Wahrheit bewohnt ihn nur ein ganz kleiner Teil seiner Seele. Der große, überwiegende Teil bleibt außerhalb von ihm und führt ein unabhängiges Leben im kosmischen Ozean. Unsere Seele übertrifft also bei weitem alles, was wir uns von ihr vorstellen können. Dieser Teil der Universalseele in uns strebt ohne Unterlass nach Grenzenlosigkeit und unendlicher Weite.

Adam Kadmon, der ursprüngliche Mensch

Der Lebensbaum repräsentiert das Universum, das Gott bewohnt und mit seiner Quintessenz durchdringt. Ebenso repräsentiert er den Menschen, der nach dem Bild Gottes erschaffen wurde, das heißt, nach dem Bild des Universums. Wenn die Kabbala von der Erschaffung des Menschen spricht, dann handelt es sich dabei nicht um das menschliche Wesen, wie wir es sind, sondern um Adam Kadmon*: den ursprünglichen, den kosmischen, Menschen, dessen Körper aus den Sternbildern und ganzen Welten besteht. Kether ist sein Kopf, Chokmah sein rechtes Auge und seine rechte Gesichtshälfte, Binah sein linkes Auge und seine linke Gesichtshälfte. Chesed ist sein rechter Arm, Geburah sein linker Arm, Tiphereth ist sein Herz und sein Solarplexus, Netzach sein rechtes Bein, Hod, sein linkes Bein, Jesod sein Geschlechtsorgan und Malkuth repräsentiert seine Füße.

Aber versteht bitte richtig, was diese Entsprechungen bedeuten. Man darf sich nicht vorstellen, dass das Universum Organe hat wie wir, ebenso wenig sollten wir in uns nach genauen Äquivalenten dafür suchen, was im Universum existiert. In ihrer Essenz haben unsere Organe und die »Organe« des Universums etwas gemeinsam, eine Affinität. Und durch das Gesetz der Affinität können wir im Raum Kräfte, Zentren und Welten berühren, die ihre Entsprechung in uns haben. Die Kenntnis davon eröffnet uns unendlich viele Perspektiven.

Urbild des Menschen (im Schriftwerk Zohar)

Abbildung des Adam Kadmon für das Buch »Le Livre des splendeurs« (nicht in Deutsch erschienen) von Eliphas Lévi (1869-1870).

* Gemäß der Kabbala ist aus der Fragmentierung des Körpers von Adam Kadmon das Universum mit allen Wesen, die es enthält, geformt worden. Sie sind wie die Einzelteile dieses ursprünglichen Körpers, und ihre »Wiedereingliederung« in die Einheit erscheint wie die Rekonstruktion des Adam Kadmon.

Unsere Intelligenz kann nur die dreidimensionale Welt wahrnehmen, und es ist ihr nicht möglich, den Menschen in all seinen Aspekten zu erfassen. Was wir von ihm sehen, berühren und hören, ist nur ein sehr begrenzter Bereich. Den wahren Menschen kennt man nicht, man kennt nur seine Hüllen. So wie ein Taucher einen Taucheranzug trägt oder ein Inuit sich in Tierfelle hüllt, ist auch der Mensch in mehrere Hüllen gekleidet, und diese sind es, die wir mehr oder weniger gut kennen. Gelingt es diese, sozusagen, eine nach der anderen zu entfernen, wird man einen winzigen Punkt entdecken, ein Lichtatom. Und zugleich wird man verstehen, dass der Mensch unendlich groß ist und das ganze Universum umfasst. Beide Aussagen sind wahr zugleich, und diese Wahrheit wird durch den Kreis mit dem Punkt in der Mitte, dem Symbol der Sonne, symbolisiert: durch den winzig kleinen Punkt ohne Ausdehnung und den unendlich großen Kreis, der alles beinhaltet und vereint. Jetzt ist es an uns, diesen Menschen, den wahren Menschen, der sich in uns verbirgt und nach dem Bild Gottes geschaffen wurde, zu suchen.

Der Eskimo Sagpluaq

Mitglied der Fünften Thule-Expedition (Grönland, 1927)

Ein junger Stern

umgeben von einer Scheibe aus Gas und Staub, die später Exoplaneten (extrasolare Planeten) bilden wird - Künstlerische Darstellung - NASA/JPL-Caltech/T. Pyle

Im kosmischen Menschen sind wir eins

Auf der physischen Ebene sind die Menschen Individuen und voneinander getrennt. Was jeder Einzelne erlebt, berührt die anderen nicht direkt. Euer Leid oder eure Freude sind, ganz offensichtlich, nicht ihr Leid oder ihre Freude. Wenn ihr unbedingt eine schwer verdauliche Nahrung zu euch zu nehmen wollt, schadet ihr nur eurem Magen und nicht ihrem. Aber oben, auf den höheren Ebenen, gibt es keine Grenzen mehr, und alle eure Befindlichkeiten haben Auswirkungen auf das eine oder andere Lebewesen. Ja, denn in diesen Regionen existiert nur ein einziges Wesen: der kosmische Mensch, der die Synthese aus allen Wesen ist. Wir leben in diesem kosmischen Menschen, wir selbst sind dieser kosmische Mensch, in dem kein Wesen getrennt von den anderen existiert. Daraus ergibt sich ein moralisches Gesetz: Ihr könnt niemandem Gutes tun oder ihm schaden, ohne dass es Auswirkungen auf euch selbst hat.

In Gestalt von vielfältigen Manifestationen gehören wir diesem kosmischen Wesen an, wir sind identisch mit ihm. Und wenn wir uns auch auf der physischen Ebene für getrennt voneinander halten, so sind wir auf den feinstofflichen Ebenen doch miteinander verbunden, und wir können den anderen weder Gutes noch Schlechtes tun, ohne es uns auch selbst zuzufügen. Wenn ihr einmal von dieser Idee durchdrungen seid, werdet ihr verstehen, dass ihr anderen nur Gutes tun könnt, indem ihr damit zuerst bei euch selbst beginnt.

Vishvarupa – die universale Form Krishnas

In der Bhagavad Gita offenbart sich Arjuna Vishnus achte Inkarnation als das höchste Wesen.
Sri Chaitanya Mahaprabhu (1486-1534) – »Ich sehe dich mit Armen, Brüsten, Gesichtern und zahllosen Augen, in einer absolut unendlichen Form. Ohne Ende, ohne Mitte, ohne Anfang, so sehe ich dich, Universeller Herr, universale Form.«

Der Sinn des spirituellen Lebens

Unermüdlich umkreisen die Planeten die Sonne. Diese Bewegung müssen wir in uns selbst hervorrufen, damit alle Partikel unseres Seins sich dem Rhythmus des universellen Lebens anschließen. Indem wir jeden Morgen die aufgehende Sonne betrachten, wollen wir in uns ein System wieder etablieren, das mit dem Planetensystem identisch ist. Mit einer eigenen Sonne im Zentrum, unserem Geist, unserem Göttlichen Selbst, das dann das Kommando übernimmt. Denn um Lösungen für all die Fragen zu finden, die sich uns täglich in unserem psychischen und materiellen Leben stellen, müssen wir innerlich zu einem organisierten System werden. Vom äußeren Zentrum, der Sonne, auf die wir uns konzentrieren, erhalten wir Energien, und sie hilft uns, die Verbindung mit dem Zentrum in uns selbst aufrechtzuerhalten: Alle Partikel unseres Seins, alle Ströme, die uns durchqueren, harmonisieren und ordnen sich im Hinblick auf dieses göttliche Zentrum – und sie beginnen, es zu umkreisen.

Das Sonnensystem

mit der Sonne, acht Planeten, mindestens 138 Monden, Kometen, Asteroiden und Weltraumgestein. Künstlerische Illustration: JPL/NASA

Der Sinn des spirituellen Lebens besteht darin, die unterschiedlichsten Elemente einzufangen, die uns in alle möglichen Richtungen ziehen; sie zu sammeln, zu vereinen und sie um unsere innere Sonne kreisen zu lassen, so wie die Planeten um die kosmische Sonne. Ja, von diesem Moment an können wir von Ordnung, Harmonie und Frieden sprechen. Denn nun es gibt ein Zentrum, einen Kern, um den herum alle anderen Elemente ihren Platz finden und die Umlaufbahn finden, der sie folgen sollen.

In Kontakt treten mit unserer höheren Seele

Wir besitzen alle eine höhere Seele. Im Moment seid Ihr euch vielleicht nicht ihrer Existenz in euch bewusst, aber wenn ihr an sie denkt, wenn ihr versucht, mit ihr in Kontakt zu treten, werdet ihr nach und nach spüren, wie sie sich euch nähert, um euch zu helfen und euch zu unterstützen. Ansonsten, das stimmt, ist ihre wahre Heimat so weit entfernt, so hoch oben, dass sie sich nicht um euch kümmert. Ihr habt vielleicht Probleme, ihr leidet, aber das beunruhigt sie nicht, denn sie lebt in Frieden.

Ihr werdet sagen: »Aber wie ist das möglich? Es ist meine Seele und sie tut nichts für mich?« Warum sollte sie etwas für euch tun, wo ihr doch nicht einmal versucht herauszufinden, was sie ist? Versteht zunächst einmal, dass diese höhere Seele von anderer Natur ist als jenes psychische Prinzip, das man allgemein »Seele« nennt. Hierbei handelt es sich in Wirklichkeit nur um den Astralleib, den Körper der Gefühle, Emotionen, Wünsche und Leidenschaften. Diese sozusagen »niedere« Seele teilt mit uns den Alltag: Sie regt sich auf, sie leidet, sie schreit. Unsere göttliche Seele aber, sie ist reines Licht. Sie kennt weder Unruhe noch Leid. Sie ist sehr weit weg, sehr hoch oben, und wir sollten versuchen, diese Seele zu erreichen.

Die Seele bricht die Bande, die sie an die Erde binden

Pierre-Paul Prud'hon (um 1821)

Die erste Arbeit des spirituellen Menschen

Alles, was auf der physischen Ebene existiert, wurde zuerst oben in der göttlichen Welt erschaffen, vom kosmischen Geist und von der Universalseele. Ihre Verschmelzung und ihr Austausch erfüllen den Raum mit Sternbildern, Nebeln, Galaxien und den Wesen, die diese Galaxien bevölkern. Auch wir sind ihre Schöpfung, und so wie sie können auch wir erschaffen. Ja, auch wir können schöpferisch tätig sein wie Gott, aber nur dann, wenn wir uns unserer selbst bewusst werden, wenn wir befreit werden, wenn das männliche und das weibliche Prinzip in uns die Fülle ihrer Möglichkeiten erlangt haben. Und dafür müssen wir uns mit Gott vereinen. Das Gebet, die Meditation und die Kontemplation sind die einzigen Mittel, um alle göttlichen Mysterien zu verstehen und zu Schöpfern zu werden. In der Sehnsucht, uns zu erheben, um die Universalseele zu durchdringen – dieses Licht, das die Materie der Schöpfung ist –, befruchten wir sie mit unserem Geist. Und unsere Seele empfängt im Gegenzug die Samen des kosmischen Geistes und bringt göttliche Kinder zur Welt: Erleuchtungen, Freuden, edle Taten...

„Die Erschaffung Adams" von Michelangelo

Freske in der Sixtinischen Kapelle in der Vatikanstadt
Foto 217377374 © Giorgio Morara | Dreamstime.com

Eines sollte klar sein: Dieser Wunsch, die Universalseele und den kosmischen Geist zu berühren, muss vom allerhöchsten Ideal inspiriert sein, vom alleinigen Bedürfnis, sich zu vervollkommnen, Gott zu dienen und seinem Willen zu entsprechen. Die vorrangige Arbeit eines spirituellen Menschen besteht daher darin, sein Herz und seinen Intellekt mit den Kräften von Seele und Geist zu reinigen, zu erleuchten und zu veredeln.

Beginnt, euer wahres Selbst zu verstehen

Auf welcher Entwicklungsstufe ein Mensch auch stehen mag: Er ist nach dem Bilde Gottes erschaffen und wird von einer höheren Seele bewohnt, die den Himmel berührt und eine Ausströmung von Gott selbst ist. Deshalb wird euer Dasein nur dann einen wirklichen Sinn bekommen, wenn ihr mit dieser unsterblichen Seele, die Licht, Harmonie und Stärke ist, in Kontakt tretet. Über diese Seele kommuniziert ihr mit dem Schöpfer und zugleich mit dem Universum, das Er erschaffen hat, denn sie ist selbst eine Quintessenz davon. Und wenn ihr an sie denkt, wenn ihr vermehrt Zuflucht bei ihr sucht, wenn ihr euch mit ihr verbindet, mit ihr sprecht und euch mit ihr identifiziert, beginnt ihr zu begreifen, was das ist, euer wahres Selbst. Dann wird sich euer Bewusstsein erheben, seine Schwingungen werden immer intensiver, bis zu dem Tag, an dem es mit dem Bewusstsein dieser erhabenen Seele verschmilzt und ihr nur noch eins seid mit Gott.

Fliegende Sterne

Deckengemälde im Salon des Sciences des Pariser Rathauses,

Paul Albert Besnard (1849-1934)

Mit der Universalseele in Resonanz treten

Denkt jeden Morgen beim Aufwachen und auch mehrmals am Tag an die Universalseele wie an eine Stimmgabel, auf die ihr euch einstimmt. Auf diese Weise werdet ihr allmählich in die kosmische Harmonie eintreten. Stellt euch vor, ihr seid ein Musikinstrument und eure Arbeit besteht darin, euch einzustimmen, damit auch ihr ein gut gestimmtes Instrument werdet.

»Ein Musikinstrument?«, sagt ihr. Ja, eine Geige zum Beispiel, denn dieses Instrument entspricht ganz besonders dem menschlichen Wesen. Auf seinem hölzernen Korpus, der den physischen Körper darstellt, sind vier Saiten gespannt: die G-Saite entspricht dem Herzen, D dem Intellekt, A der Seele, E dem Geist; und der Bogen, der sich unaufhörlich über diese vier Saiten bewegt, um sie in Schwingung zu versetzen, repräsentiert den Willen. Die Geige bringt harmonische Töne nur dann hervor, wenn sie gestimmt ist. Deshalb beginnt der Violinist nie zu spielen, ehe er sein Instrument gestimmt hat. Wie er sollten wir nicht anfangen zu »spielen«, ohne unser Herz, unseren Verstand, unsere Seele und unseren Geist gestimmt zu haben, und im Laufe des Tages müssen wir darauf achten, dass »diese Saiten« gut gespannt bleiben.

Stradivari »The Gould«

Die 1693 von Antonio Stradivari in Cremona gebaute Geige befindet sich im Besitz des Metropolitan Museum of Art in New York City

Alles singt: Eines Tages werden wir die Sphärenmusik hören können

Die ganze Schöpfung ist nur Musik, sie erklingt wie Stimmakkorde: die Berge, die Bäume, die Ozeane, sogar die Sonnen und die Sterne, alles singt. Diese Musik kann nicht mit den physischen Ohren gehört werden, aber mit der Seele und mit dem Geist, und keine menschliche Komposition kann sich mit ihr vergleichen.

Diese Symphonie des gesamten Universums haben Dichter oder Philosophen wie Pythagoras und Platon als »Harmonie der Sphären« oder »Sphärenmusik« bezeichnet. Alles, was existiert, sendet Töne aus, aber natürlich nicht in dem Sinne, wie wir dieses Wort normalerweise verstehen. Die Harmonie der Sphären ist die Synthese aller Sprachen, derer sich die Geschöpfe bedienen, um sich zu manifestieren.

Das Vogelkonzert
Melchior de Hondecoeter
(1670)

In der Natur unterscheiden wir nicht nur Töne und Klänge, sondern auch Farben, Bewegungen, Gerüche und Formen, da unsere Sinnesorgane uns die Dinge differenziert wahrnehmen lassen. Jenseits unserer fünf physischen Sinne aber besitzen wir andere Organe, die in der Lage sind, all' diese Wahrnehmungen zu vereinen. In bestimmten außergewöhnlichen Momenten ist es möglich, damit die Schöpfung als eine unendliche Symphonie von Klängen, Farben, Formen, Bewegungen und Düften zu begreifen, die anderen Dimensionen angehören.

Wir sind nur Reisende auf Erden

Der Pilger am Ende seiner Reise zum Heiligen Kreuz
Thomas Cole (zwischen 1846 und 1848), Smithsonian American Art Museum

Die Reise, die wir vor langer Zeit begonnen haben, wird nicht mit unserem jetzigen Leben enden. Dies ist nur eine Etappe auf dem Weg, den alle Wesen zurücklegen müssen, seit sie aus dem Schoß des Ewigen hervorgegangen sind. Und wie viele verschiedene Regionen werden sie durchqueren müssen, bis sie eines Tages in ihre himmlische Heimat zurückkehren! Wir sind nur Reisende auf Erden; das dürfen wir nicht vergessen. Wir müssen uns dessen sogar immer bewusst sein, um nirgendwo Halt zu machen und Wurzeln zu schlagen.

Wir haben einen sehr langen Weg vor uns, deshalb müssen wir genügend Proviant mitnehmen. Dieser Proviant, der uns unterwegs stärkt, das sind die Wahrheiten einer spirituellen Lehre, von denen wir nicht nur für unsere gegenwärtige Existenz einen Vorrat anlegen können, sondern auch für zukünftige Leben. Damit diese Wahrheiten uns jeden Tag nähren, müssen wir sie lieben und auf ihre Kraft vertrauen.

Wir haben schon etliche Regionen bereist, aber wie viele andere warten noch auf uns! Unser jetziges Leben ist nur ein Schritt auf dieser Reise, die wir vor langer Zeit vorbereitet haben. Was wir jetzt erleben, ist zugleich Nahrung, die wir uns selbst zu einem früheren Zeitpunkt eingepackt haben.

Denkmal zu Ehren der Pilger auf dem Jakobsweg

Metallskulptur aus dem Jahr 1996 auf dem „Berg der Läuterung" (Alto del Perdón) auf dem Jakobsweg bei Pamplona/Spanien

Die Reise der Seele oder die Tore der Einweihung

V

Auftakt

Geode

Azurit »Samtene Schönheit«. Das Kupfermineral wurde 1890 in Bisbee/Arizona (USA) entdeckt

Was uns zu Bürgern des Kosmos macht

Sich mit seiner Familie, seiner Stadt, seinem Land verbunden zu fühlen und für sie zu arbeiten, ist ganz natürlich. Man kann aber sein Bewusstsein auch erweitern und viel weiter, viel größer, viel höher denken. In unserem Herzen, in unserer Seele dürfen wir keine Grenzen akzeptieren, und so, wie wir am Leben unserer Familie, unserer Stadt und unseres Landes teilnehmen, können wir lernen, am kosmischen Leben teilzunehmen. Muss man ein Astronaut sein und eine Rakete haben, um im Universum zu reisen und zu arbeiten?

Angetrieben von der Sonne eilt die Erde durch den Raum, und die Menschen befinden sich auf der Erde wie in einem Raumschiff, das inmitten der Sterne seine Bahn zieht. Das macht sie zu kosmischen Bürgern, die bewusst und lichtvoll am universellen Leben teilnehmen können. Dies ist ihre wahre Zugehörigkeit, die wahre Dimension ihres Seins.

Einer aus der Familie

Frederick George Cotman (1880

Alles, was auf- und absteigt, durchquert die Seele

Der Mensch besteht aus einem Geist, einer Seele und einem physischen Körper. Der Geist entspricht der göttlichen Ebene, die Seele der psychischen Ebene und der Körper der physischen Ebene. Die Seele befindet sich also zwischen dem Körper (der Materie) und dem Geist; sie ist ein Vermittler, ein Fahrzeug, das Elemente aus der höheren Welt in die niedere transportiert und umgekehrt. Alles, was hinab- und alles, was aufsteigt, geht durch die Seele. Der Geist, der oben ist, kann nur absteigen, und die Materie, die unten ist, kann nur aufsteigen, während die Seele sich zwischen beiden auf und ab bewegt. Deshalb hat der Geist nur durch die Seele Macht über die Materie.

In der Natur kann die Sonne (das Feuer) nicht direkt auf die Erde einwirken, sie braucht Vermittler wie die Luft und das Wasser. Genauso kann unser Geist unseren physischen Körper nicht direkt berühren, er braucht einen Vermittler, die Seele.

Die goldene Treppe
Edward Burne-Jones (1876-1880)

Um unsere spirituellen Körper aufzubauen, müssen wir uns erheben

Von der Erde bis zu den Sternen gehorcht das gesamte Universum dem Gesetz der Hierarchie. Das bedeutet, dass sich die schwersten, gröbsten Elemente am Boden ansammeln, wohingegen die leichtesten und reinsten Elemente die Tendenz haben, aufzusteigen. Dieses physikalische Gesetz gilt auch im psychischen Leben und erklärt, wie Gebet, Meditation und Kontemplation funktionieren: Dabei versuchen wir, uns zu erheben, um Teilchen aus subtilster Materie anzuziehen, dank derer wir unsere feinstofflichen, unsere geistigen und spirituellen Körper aufbauen. Mit diesen Materieteilchen stehen Energien und Wesenheiten in Verbindung. Sie sind umso lebendiger und strahlender, je reiner diese Teilchen sind. Indem wir nach und nach schwere und trübe Materialien in uns durch leichte und lichtvolle Elemente ersetzen, öffnen wir unsere Seelen für Geistwesen, die uns die schönsten Geschenke bringen.

Meditation der Heiligen Jungfrau
Sarah Paxton Ball Dodson (1889)

Jeden Tag einen Schritt vorwärts gehen

Die Kräfte des Geistes wirken auf die Materie ein, um sie zu beleben und empfindsamer und aufnahmefähiger zu machen für das Licht der Höheren Welt. Lebewesen, die sich von diesen Kräften des Geistes nicht durchdringen lassen, sterben. Und das ist der eigentliche Tod: eine Weigerung, sich weiterzuentwickeln und in Einklang mit den Strömungen des Geistes zu schwingen.

Der geistige Tod ist ein Abstieg in die dichteste, kompakteste Materie, und dieser Abstieg vollzieht sich im Bewusstsein: Der Mensch verliert das Licht und damit die Erinnerung an die himmlische Prägung, die er in sich trägt. Er wird wie ein Stein, in dem sich das Leben so sehr verlangsamt, dass es nicht mehr die Kraft hat, wahrhaftige Gedanken und Gefühle hervorzubringen. Das Leben ist ein permanentes Voranschreiten, und wer sich diesem Prozess verweigert, macht Rückschritte. Er kehrt zurück in das unbewusste Dasein des Steins, der nichts anderes ist, als ein schlafendes Bewusstsein, und seine physischen und psychischen Manifestationen werden zum Ausdruck dieses versteinerten Lebens. Versucht deshalb jeden Tag, wenigstens einen Schritt nach vorne zu machen.

Das Licht der Inkarnation
Carl Gutherz (1888)

Die Orientierung behalten

Bei allem, was ihr unternehmt, und besonders bei der geistigen Arbeit, müsst ihr versuchen, eure Orientierung zu behalten. Denn Unentschlossenheit schadet nur: Nie zu wissen, welchen Weg man gehen soll, oder, wenn die Entscheidung einmal gefallen ist, sich zu fragen, ob es wirklich die richtige ist und es nicht besser wäre, umzukehren.

Beginnt also damit, die Dinge gut zu durchdenken. Wenn ihr dann das Gefühl habt, den richtigen Weg gefunden zu haben, versucht, daran festzuhalten, egal, was geschieht. Auf diesem Weg werdet ihr manchmal hinfallen, weil ihr noch schwach seid, aber der Himmel wird euch Hilfe schicken. Lasst euch also nicht entmutigen. Selbst wenn eure Fenster schmutzig werden, sagt euch, dass der morgige Regen sie waschen und wieder durchsichtig machen wird. So geht es für den Schüler sein ganzes Leben lang. Er fällt, er steht auf... Er macht sich schmutzig, er wäscht sich... Möge er den Mut bewahren im Wissen, dass der Himmel immer da ist, um den zu unterstützen, der den rechten Weg nicht verlässt.

Kompassrose

Park der Skulpturen nahe des Herkules-Turms in La Coruña, Galizien (Spanien)

Den Weg nach oben nehmen

Der Fitz Roy

ein 3406 Meter hoher Granitberg,
gehört zu Chile und Argentinien.
Die Erstbesteigung war 1952.

Es liegt allein an uns, ob wir die Reise antreten

Wir allein müssen entscheiden, welche Regionen wir besuchen wollen. Alles Unglück und alle Freuden sind bereits vorhanden, andere haben sie vor uns erfahren, es hängt allein von uns ab, ebenfalls auf die Reise zu gehen. Wir lernen viel, wenn wir die verschiedenen Regionen der Erde erkunden: Einige sind bewaldet, blühend und fruchtbar, und wir können dort verzückt und in völliger Sicherheit umherspazieren. Andere hingegen sind Wüsten, Sümpfe oder Dschungel, wo es von Raubtieren und giftigen Tieren wimmelt und überall Bedrohungen lauern. Und in geringer Entfernung liegen wilde Flüsse und friedliche Seen nah beieinander, Gipfel und Abgründe, Vulkane und Gletscher... Ja, wir lernen viel dabei, umso mehr, wenn man weiß, dass ähnliche Regionen auch im Menschen existieren: Gipfel und Abgründe, Sümpfe und blühende Gärten, Wüsten und fruchtbare Ebenen.

Es ist hilfreich, sich mit Geografie, Geologie und auch der Landwirtschaft auszukennen, aber noch nützlicher ist es, unsere inneren »Böden« zu kennen und zu lernen, wie man die einen meidet und die anderen aufsucht, wie man sie pflegen und bewirtschaften kann. Es ist gut zu wissen, wie man auf Flüssen und Ozeanen navigiert oder wie man Berggipfel erklimmt, aber viel wichtiger ist die Fähigkeit, seine inneren Stürme oder Wirbelwinde zu meistern und zu versuchen, die Gipfel der spirituellen Berge zu erreichen. Denn das ist unsere wirkliche Arbeit: die verschiedenen Regionen in uns zu erforschen und durch Nachdenken, Meditation, Gebet und Kontemplation das gelobte Land zu erreichen.

Moses schaut in das Verheißene Land
Frederic Edwin Church (1846)

Der Weg der Einweihung

Die Einweihung ist nichts anderes als eine Erweiterung des Bewusstseins. Diese Ausdehnung hat natürlich Stufen, und auf der letzten Stufe gelingt es dem Schüler, mit der Universalseele zu verschmelzen und in Einklang mit ihr zu schwingen: Das bedeutet, in jenen Bereich absoluter Harmonie einzutauchen, der identisch ist mit der Region der Sphärenmusik. Dies ist die höchste Einweihung. Natürlich ist es sehr schwierig, so weit zu kommen, aber zwischen dem gewöhnlichen Bewusstsein und dieser erhabenen Schwelle gibt es viele Zwischenstufen. Unsere Aufgabe während eines Lebens auf der Erde ist es, so viele Stufen wie möglich zu erklimmen und unser Bewusstsein so klar und rein werden zu lassen, dass sich allmählich das ganze Universum darin spiegeln kann... Solange sich der Mensch nur in einem kleinen Kreis bewegt, wo sich alles um ihn selbst und seine eigenen Angelegenheiten dreht, schließt er sich von der Einweihung aus.

Der Engel mit dem Flammenschwert

Edwin Howland Blashfield (1893)

Um die Herrlichkeit des Universums zu entdecken

Da er sich der Kürze des Lebens bewusst ist, vergeudet der Schüler einer Einweihungsschule seine Zeit und Energie nicht mit dem Streben nach Besitz, Ehren oder selbst nach Wissen, das er zwangsläufig bald aufgeben muss. Stattdessen konzentriert er sich möglichst auf ewige, unzerstörbare Reichtümer. Er lässt sie Früchte tragen, indem er wertvolle Elemente in seinen feinstofflichen Körpern ansammelt. Verlässt er dann die Erde, wird er sich direkt in die Regionen begeben, aus denen er diese Elemente bezogen hat: Kraft des Gesetzes der Affinität wird er von diesen Materialien selbst in die himmlischen Regionen eingeführt, wo er die Herrlichkeit des Universums entdecken wird.

Kleine Magellansche Wolke

Ca. 200.00 Lichtjahren Entfernung zu unserer Milchstraße.

Zu Toren der Sonne auf Erden werden

Die Menschen befinden sich mit ihrem Intellekt an der Grenze zwischen der niederen und der höheren Welt. Dies vor Augen, müssen wir uns der Rolle bewusstwerden, die wir im Universum zu spielen haben. Es liegt an uns, ob sich oben die Tore des Himmels öffnen oder unten die Tore der Hölle. Unser Verständnis der Dinge hat nicht nur Konsequenzen für unsere eigene Zukunft, sondern auch für die Zukunft der Erde. So wie die Sonne das Tor für die göttlichen Kräfte im Sonnensystem ist, können wir zu Toren für die sonnenhaften Kräfte auf der Erde werden. Das ist eine immense Verantwortung.

Der Mensch, der sich zwischen Tugenden und Lastern entscheiden muss
Frans Francken II (1581-1642)

Die Freude, Ballons am Himmel zu sehen

Heißluftballons

Ein Spaziergang am Himmel von Kappadokien (Türkei)

Ihr seht einen Luftballon, der von einem Faden gehalten wird: Aufgeblasen mit einem Gas, das weniger dicht ist als Luft, versucht er zu entkommen, sich zu erheben, aber er bleibt am Boden haften... Wie dieser Ballon hat jeder Mensch etwas in sich, das danach strebt, fortzufliegen. Doch die Bande, die er in der Materie geknüpft hat, halten ihn zurück: sein Bedürfnis nach Bequemlichkeit, sinnlichen Vergnügungen und Besitz. Diese Fesseln muss er versuchen zu lockern und zu lösen, um der ewigen Sehnsucht Ausdruck zu verleihen, die in seine Seele eingeschrieben ist: sich emporzuschwingen in dieses unermessliche Licht und den Frieden, wo er herkommt.

Kinder und selbst Erwachsene haben so viel Freude daran, bunte Luftballons in den Himmel steigen zu lassen, weil sie die diffuse Erinnerung an eine ferne, verlorene Heimat in sich tragen. Sie sehnen sich nach dieser uralten Vergangenheit, als sie im Schoß des Herrn lebten, was unauslöschliche Spuren in ihnen hinterlassen hat... Dazu gehört die Freude, Ballons in den Himmel steigen und fliegen zu sehen.

Die Flügel ausbreiten, um in den Raum hineinzufliegen

Viele haben Angst, den Weg der Spiritualität zu gehen, weil sie den Eindruck haben, ins Leere zu stürzen. Diesen Schritt zu wagen, ist natürlich gefährlich, solange die Flügel nicht ausgebildet sind. Wer sich aber in die Leere stürzt und dabei wahrhaftig von dem Wunsch beseelt ist, sich in den Dienst des Geistes zu stellen, der wird nicht fallen: Seine Flügel werden sich ausbreiten, und er wird in den Raum hineinfliegen. Ihr werdet nicht vor dem Hinfallen bewahrt, weil ihr in der Materie verharrt, ganz im Gegenteil. Und wenn einige sich den Kopf angestoßen haben, nachdem sie sich für das spirituelle Leben entschieden hatten, dann deshalb, weil dieser Entschluss nicht von reinen, uneigennützigen und wirklich geistigen Motiven inspiriert war.

Die Himmelfahrt des Engels
Bronzeskulptur von Giambologna (1529-1608)
Guss von Antonio Susini (1558-1624)

Macht es lieber wie ein Vogel

Vermeidet es, euch in anstrengende Kämpfe zu verwickeln. Geht lieber dahin, wo ihr den meisten Platz habt, oder vielleicht sogar allein seid: So wird niemand versuchen, euch am Wachsen zu hindern. Wenn ihr euch neben einem großen Baum verwurzeln wollt, der voll im Saft steht, wird dieser protestieren und seinen Lebensraum mit viel Geschrei verteidigen. Auch in das Revier eines großen Raubtiers werdet ihr euch besser nicht hineinwagen. Macht es lieber wie der Vogel. Wie erfolgreich wäre er mit seinem kleinen, schwachen, leichten Körper und dem winzigen Schnabel, wenn er einem Raubtier den Platz streitig machen wollte? Aber er hat auch Flügel und fliegt frei in den Himmel. Der Vogel hat nicht den Ehrgeiz, sich dem Raubtier gegenüber zu behaupten. Er dankt dem Schöpfer jeden Tag dafür, dass er von ihm den Gesang bekam und die Bewegungsfreiheit.

Macao-Papagei

Die Jakobsleiter

Die Jakobsleiter
Nicolas Dipre (1500)

Von der Erde bis hinauf zum Himmel gibt es eine lebendige Hierarchie, die in der Bibel in Form der Jakobsleiter dargestellt wird. Als Jakob auf Befehl des Herrn Mesopotamien verlassen hatte, wurde er müde und schlief auf einem Stein ein. Im Traum sah er eine Leiter, die die Erde mit dem Himmel verband, und an der die Engel auf- und abstiegen. Diese Leiter ist nichts anderes als die »Engelshierarchie« aus der Kabbala. Sie ist Christus, der die Erde mit dem Himmel verbindet. Natürlich ist das Wort »Leiter« weit davon entfernt, den Glanz und die Herrlichkeit dieser Hierarchie zu repräsentieren, aber man muss nun einmal Worte finden, mit denen sich zumindest ein wenig von dem vermitteln lässt, was man sagen will.

In den Einweihungen wurde diese Leiter, dieser Vermittler, durch den Hohepriester dargestellt. Ihn haben die Schüler, die die wahre Liebe studierten, deshalb als Ausgangspunkt genommen, um zur Göttlichkeit emporzusteigen. Denn es ist die uneigennützige Liebe, die den größten Segen bringt.

Die Liebe kommt vom Himmel und muss zu ihm zurückkehren

Amor und Psyche
Guillaume Seignac (1870-1924)

Die Liebe kommt von sehr hoch oben

Die Liebe beruht auf Austausch. Nun, der Austausch der Wesen ist nicht nur auf der physischen Ebene möglich, sondern auch auf Distanz, mit Worten, Blicken, Gedanken, ohne einander zu berühren, sogar ohne sich zu sehen. Und dieser Austausch ist auch nicht auf die Menschen beschränkt. Deshalb gibt es keinen Grund, sich allein und ungeliebt zu fühlen, auch wenn ihr noch nicht dem Mann oder der Frau begegnet seid, die euch so sehr inspirieren, dass ihr euch mit ihm oder ihr verbinden wollt.

Die Liebe ist eine kosmische Energie, die im gesamten Universum zirkuliert. Deshalb könnt ihr sie in den Steinen finden, den Pflanzen, den Tieren... und auch im Wasser, in der Luft, in der Sonne und in den Sternen. Warum leidet ihr also, weil ihr keinen Mann oder keine Frau in den Armen halten könnt? Es ist nicht der Körper, und es ist auch nicht das Fleisch, das euch Liebe geben wird, denn dort ist die Liebe nicht zu finden. Die Liebe kann sich des physischen Körpers als Hilfsmittel bedienen, aber sie selbst ist woanders, sie ist überall: Sie ist Licht, Nektar und Ambrosia, die den Raum erfüllen.

Der Liebesbote
Hans Zatzka (1859-1945)

Die Liebe ist nicht nur dieses Gefühl, das die Menschen füreinander empfinden. Die Liebe ist eine Energie, die von sehr weit oben kommt, eine Energie, die aus der gleichen Quintessenz besteht wie die Sonne. Männer und Frauen haben die Aufgabe, diese Energie zu empfangen und so in sich zirkulieren zu lassen, dass sie danach wieder in die Höhen zurückkehrt, aus denen sie gekommen ist. Wenn dieser Kreislauf nicht richtig funktioniert, dann liegt das an den vielen Unreinheiten, die sich in den Menschen angesammelt haben, weil sie sich nicht genug Mühe geben, ihre Instinkte und Leidenschaften zu kontrollieren. Anstatt also wieder nach oben zu fließen, sinkt diese Energie ab in die unteren Regionen der Astralebene und geht dort verloren.

Wenn der Mensch daran gearbeitet hat, sich zu reinigen und Herr über sich selbst ist, wird die Energie, die jeden Tag aus der göttlichen Quelle herabströmt, durch ihn hindurch ihren Weg zurück nach oben nehmen. Denn im Universum, so wie es vom Schöpfer erdacht und erbaut wurde, ist der Himmel der Ursprung der Liebe und ihr Ziel.

Pauline Borghese als Siegreiche Venus

Marmorskulptur von Antonio Canova (1808), Galerie Borghese, Rom

Ein Bräutigam, der auf seine Geliebte zugeht

Indem wir uns den Strahlen der spirituellen Sonne aussetzen, erwärmt sich unsere Seele, und diese Wärme, diese Liebe erfüllen unser ganzes Wesen, das auf diese Weise eine echte Ausdehnung erfährt. Es fühlt sich an, als ob unsere psychische Materie leichter würde, subtiler, und beginnt, in Harmonie mit dem Geist zu schwingen. Und wenn der Geist ein Wesen sieht, das sich im Gleichklang mit ihm befindet, das mit ihm singt, fühlt er sich angezogen. Deshalb wurde er als Bräutigam dargestellt, der auf seine Geliebte zugeht. Dieses Bild findet sich in verschiedenen Religionen. Das Ideal der menschlichen Seele (egal, ob eines Mannes oder einer Frau) ist es, die Braut des Geistes zu werden. Das bedeutet, sich innerlich in einen Zustand der Empfänglichkeit für das Göttliche Prinzip zu versetzen.

Die Liebenden

Henri-Jean Guillaume Martin (1860-1943)

Der Drache besitzt Flügel, um uns in die Höhen hinaufzutragen

Die schöne Prinzessin, die von einem Drachen in einem Schloss voller Schätze gefangen gehalten wird, ist ein Thema, das sich in den Märchen vieler Länder findet. Mehrere Ritter versuchen, sie zu befreien, doch sie alle werden von dem Ungeheuer verschlungen... Bis zu dem Tag, an dem endlich ein schöner Prinz eintrifft, dem eine Zauberin, die den Schwachpunkt des Drachen kennt, das Geheimnis anvertraut hat, wie er ihn besiegen kann. Nach hartem Kampf erringt er den Sieg, befreit die Prinzessin und dann... küssen sie sich zärtlich! Von nun an gehören alle Schätze, die in dem Schloss angehäuft wurden, dem schönen, siegreichen Prinzen. Und dann steigen beide auf den Rücken des feuerspeienden Drachen und fliegen in die Welt.

Der Gott Susanoo tötet den achtköpfigen Drachen (Yamata-no-Orochi)
Toyohara Chikanobu (1870)

Wir meinen, solche Märchen seien nur für Kinder. In Wahrheit aber erzählen sie von unseren psychischen und spirituellen Erfahrungen. Der Drache repräsentiert die Sexualkraft, und das Schloss unseren physischen Körper mit all seinen Schätzen. In diesem Schloss seufzt eine unglückliche Prinzessin, unsere Seele, die von der ungezügelten sexuellen Kraft daran gehindert wird, die wahre Liebe zu kosten. Der Prinz ist unser Geist, und dessen Waffen sind die Mittel, die ihm zur Verfügung stehen, um diese Kraft zu beherrschen und zu nutzen. Einmal gezähmt, dient uns der Drache als Reittier. Denn, auch wenn er mit einem Schlangenkörper dargestellt wird, einem Symbol der unterirdischen, unbewussten Kräfte, so hat er doch Flügel, um uns in die Höhen zu tragen.

Drachenbrücke

Wahrzeichen von Ljubljana, der Hauptstadt Sloweniens

Der geflügelte Hermes

Der Hermesstab symbolisiert die stärkste Kraft aller Kräfte, das Leben in seinem höchsten Manifestationsgrad. Wenn es dem Menschen also gelingt, den Hermesstab in sich zu entwickeln, zirkuliert das Leben und breitet sich in allen Geschöpfen bis hin zu den Sternen aus. Dieser höchste Grad des Lebens ist die wahre Kraft, dieses sprudelnde Leben, das weit mehr ist als nur Vitalität. Die Vitalität entspricht dem Stier... Sicher, alle Menschen sind lebendig, aber in den meisten von ihnen manifestiert sich das Leben als eine verheerende Kraft. Wenn sie zu viel Vitalität besitzen, können sich die Leute nicht mehr beherrschen, sie verschlingen, vergewaltigen, töten... Diese Vitalität muss gelenkt, intensiviert und vergeistigt werden, um sie in göttliches Leben zu verwandeln.

Hermes

Sir William Blake Richmond (1886)

Wünscht euch deshalb Tag und Nacht, euer Leben zu vergeistigen, um es verströmen zu können, damit es überall im Universum die Geschöpfe belebt und erleuchtet. Das ist die Idee von Hermes mit den Flügeln an den Füßen, wie unsere Vorfahren sie uns überliefert haben. Die Füße verfügen übrigens über sehr wichtige Zentren:

Wenn es euch gelingt, sie zu entwickeln, versetzen sie euch in die Lage, euch geistig und sogar körperlich durch den Raum zu bewegen.

Der Hermesstab

Bronzeskulptur von James Muir, Universität von St. Louis/Missouri (USA)

Das Wunderbare ist die wahre Heimat unserer Seele

Gott kann man nicht sehen, hören, berühren, erklären oder gar erreichen. Dennoch sind wir von dem unwiderstehlichen Bedürfnis beseelt, aufzubrechen, um ihm zu begegnen. Und es ist Gott Selbst, der dieses Bestreben in uns verankert hat, damit wir niemals aufhören, vorwärtszugehen. Denn das ist das Wesentliche: niemals stehen zu bleiben. Ihr werdet diesem Impuls eurer Seele nie lange etwas entgegensetzen können. Und wenn es euch für einen Moment gelingt, so wird sie ihre Ketten sprengen und ihren Weg in die Höhe fortsetzen. Ihr wollt ihr nicht folgen? Ihr werdet euch unbehaglich fühlen, als würdet ihr den Boden unter den Füßen verlieren. Es ist die Seele selbst, die diese Empfindung hervorruft, damit ihr nicht endgültig in die geistige Lähmung und den Tod abgleitet.

Bemüht euch also, der Bewegung eurer Seele zu folgen, indem ihr gemeinsam die Grenzen der realen Welt überschreitet, und ihr werdet diese erhabenen Regionen betreten, aus denen alle Inspirationen kommen: der Poesie, der Malerei, des Tanzes... Manche Menschen nennen diese Regionen die Welt der Träume... Dabei ist der Name egal, wenn derjenige, der träumt, inspiriert ist und göttliches Wasser kostet.

Der Fliegende Teppich
Viktor Vasnetsov (1880)

Sich darauf vorbereiten, die Pforten zu durchschreiten

Durchgang zum Meer

Halbinsel Krim, Russland

Die Wüste der Seele

Jedem kann es widerfahren, dass er sich innerlich so fühlt, als würde er eine Wüste durchqueren: Er hat an nichts mehr Gefallen und keine Lust mehr auf irgendetwas, alles scheint ihm fade, fremd und leer. Dies ist der furchtbarste Zustand, in den ein Mensch stürzen kann. Das Schlimmste ist nicht, Misserfolge zu erleiden, krank oder arm zu sein, sondern keine Liebe mehr in sich zu tragen, keinen Elan, keinen Glauben mehr zu haben und den Sinn des Lebens zu verlieren. Man muss also daran denken, Elemente in sich vorzubereiten, die man brauchen wird, um aus dieser Wüste der Seele heil wieder herauszukommen.

Der zurückgelassene Pirat (Detail)
Howard Pyle (1909)

Für jede Schwierigkeit gibt es eine eigene Lösung. Das kann das Licht sein, der Wille, die Demut, die Reinheit oder auch die Liebe... Deshalb solltet ihr euch bemühen, keine dieser Kräfte zu vernachlässigen, damit ihr im Moment einer Prüfung nicht völlig hilflos seid. Auch wenn es euch heute scheinbar an nichts fehlt, ist das kein Grund, nicht daran zu arbeiten, die Elemente zu erwerben, die ihr mit Sicherheit eines Tages nötig haben werdet.

Ein paar Halme Gras

Ein Freund hat mir erzählt, wie er eines Tages, als er sich verzweifelt fühlte, einen Spaziergang in der Natur machte. Unterwegs setzte er sich auf einen Felsen und dort, in einer winzigen Spalte, sah er ein paar Grashalme. Er betrachtete sie lange und fragte sich, wie sie unter solchen Bedingungen wachsen konnten. Und plötzlich, während er sie noch ansah, erwachte etwas in ihm wieder zum Leben. Er konnte nicht verstehen, wie der Anblick dieser wenigen Halme Gras ihn aus seiner Verzweiflung reißen konnte.

In Wirklichkeit waren es nicht die Grashalme, sondern er selbst: Indem er sich in ihren Anblick versenkt hatte, bewirkte er unbewusst diese Veränderung in seiner Seele. Wir tragen sämtliche Kräfte der Regeneration in uns und manchmal genügt ein winziger Anlass, um sie zu wecken. Lebewesen, Dinge, alles, was in der Natur existiert, kann uns helfen. Es kommt vor, dass dies außerhalb unseres Bewusstseins und unseres Willens geschieht. Wir sollten uns dieses Phänomen jedoch bewusst machen und nicht darauf warten, dass uns ein äußeres Ereignis zufällig zu Hilfe eilt.

Foto 95537098 © Teerayut Oanwong | Dreamstime.com

Es bleibt uns immer noch die Richtung nach oben

Wie oft habt ihr das Gefühl, dass die anderen in euren Lebensraum eindringen, euch euren Platz wegnehmen oder euch sogar am Atmen hindern! Das mag wahr sein, aber sagt euch, dass ihr unter diesen schwierigen Bedingungen die größte Chance habt zu wachsen, und zwar gerade, weil ihr eingeengt seid.

Wunderschöner Buchenwald

In den Morgenstunden eines Frühlingstags in der Nähe von Utrecht/Niederlande.

Foto 184360810 © Janmarijs123 | Dreamstime.com

Wenn ihr im Wald spazieren geht, beobachtet einmal, wie die Bäume dieses Problem lösen. Sie stehen so eng beieinander, dass, wenn einer sich ausbreiten will, die anderen es nicht zulassen. Dieser Baum sagt sich dann: »Das sind zwar schlechte Bedingungen für meine Entwicklung, aber ich werde einen Weg finden...« Er kann sich zwar nicht in die Breite entfalten, das stimmt, aber nichts hindert ihn daran, nach oben zu wachsen. In diese Richtung ist genügend Raum, er stößt auf keinerlei Hindernisse mehr.

Die menschlichen Gesellschaften gleichen dichten Wäldern, und es ist normal, sich eingezwängt und unfrei zu fühlen. Wenn auf der materiellen Ebene die Orte und Räume begrenzt sind, wenn ihr also weder vorwärts, rückwärts noch seitwärts gehen könnt, dann erinnert euch daran, dass euch immer noch die Richtung nach oben bleibt. Schwingt euch empor in die geistige Welt: Dort kann sich niemand eurem Aufstieg entgegenstellen.

Die Arbeit des Schmieds

Wenn es uns nicht gelingt, unsere innere Form zu verändern, dann deshalb, weil wir in der Kälte bleiben, und Kälte lässt die Formen gefrieren. Um die Form zu verändern, müssen wir uns in die Wärme begeben, in die Region des Feuers. Dabei können wir uns den Schmied zum Vorbild nehmen. Um ein Stück Eisen zu bearbeiten, hält er es ins Feuer, damit es form- und dehnbar wird. Andernfalls kann er zwar daran ziehen und mit dem Hammer darauf schlagen, aber er wird nichts erreichen, außer es zu zerbrechen.

Mit dem Menschen ist es wie mit einem Stück Eisen: Nur der Kontakt mit dem Feuer, dem geistigen Feuer, kann ihn verwandeln. Wer sich transformieren will, ohne in dieses Feuer einzutauchen, erreicht nichts. Er wird nur sein Nervensystem so überfordern, dass er sich selbst zerstört. Allein der Mystiker, der sich in das Feuer der göttlichen Liebe wagt, macht seine psychische Materie vollkommen formbar und fügsam; dann schlägt und hämmert er mit Hilfe seiner Gedanken, um sich eine neue Form zu geben.

Und was macht der Schmied nach der Arbeit mit dem Feuer? Er schreckt das Metall in kaltem Wasser ab, damit die neue Form Bestand hat und dauerhaft fixiert wird. Dieses kalte Wasser, das unsere neue Form hart und widerstandsfähig machen wird, sind Schwierigkeiten und Prüfungen, denen wir begegnen. Es reicht nicht aus, Momente der Entrückung zu erleben im Gebet, in der Kontemplation, in der Vereinigung mit der Welt des Lichts. Es ist notwendig, dass diese Bewusstseinszustände stabilisiert und verfestigt werden, und dafür müssen sie auf den Prüfstand. Im Französischen gibt es den Ausdruck »tremper un caractère« (»einen Charakter abhärten«), und dazu dienen genau die Hindernisse und Schwierigkeiten. Vertut euch also nicht:

Der Schmied
John Hassall (1913)

Nur weil ihr ein paar erhabene Momente in Verbundenheit mit dem Himmel erlebt habt, in denen ihr glaubtet, alles zu verstehen und zu beherrschen, seid ihr nicht vor Bedrängnissen und Leid gefeit. Nein, ihr werdet nicht verschont bleiben, im Gegenteil, denn dank dieser Prüfungen werden sich die neuen, schöneren und harmonischeren Formen in euch festigen.

Warum wir Prüfungen erleben

Was wir als Prüfungen bezeichnen, ist nur eine Reihe von Problemen, die wir im Laufe unseres Lebens lösen müssen, genauso wie Kinder in der Schule und Studenten an der Universität. Je weiter sie fortschreiten, desto schwierigere Übungen werden ihnen vorgelegt, und sie sind aufgefordert, sich tiefer in die Themen einzuarbeiten. Natürlich kommt irgendwann der Moment, in dem sie von der Schule oder der Universität abgehen; niemand aber verlässt jemals die Schule des Lebens.

Die Übungen und Anstrengungen, die die Menschen im Laufe ihres Lebens absolvieren müssen, werden daher nie enden. Anstatt sich also darüber zu beschweren und zu rebellieren, dass sie eine Last zu tragen oder ein Hindernis zu überwinden haben, müssen sie zuerst die Ursache dieser Prüfungen und ihre Bedeutung verstehen – um sich dann auch darüber zu freuen, neue Erfahrungen machen und neue Wahrheiten entdecken zu können, denn diese Erfahrungen und Wahrheiten sind ihr einziger wahrer Reichtum. Wenn nach einer Prüfung ihre Kraft, ihr Glaube und ihre Liebe zunehmen, dann deshalb, weil sie das »Examen« gut bestanden haben, und ihre gewachsene Kraft, ihr stärkerer Glaube und ihre größere Liebe sind wie Diplome, die sie erhalten haben.

Angesichts der üblichen Reaktionen und des herkömmlichen Verhaltens mancher Menschen, scheint es jedoch so, als empfänden sie das Leben als eine feindliche Gottheit, die einen Weg sucht, sie zu vernichten. Das Leben ist die größte Macht, die es gibt, aber ihre Absicht ist es keinesfalls, die Menschheit zu zerstören. Die Schwierigkeiten und Hindernisse auf unserem Weg haben einzig zum Ziel, uns zu stärken, und es ist an uns, uns mit dieser Macht auszusöhnen, indem wir lernen, mit dem Leben zusammenzuarbeiten.

Das Diplom (Detail)
Edwin Howland Blashfield (1848-1936)

Sich den Prüfungen des Lebens stellen

Mehrmals im Leben muss der Mensch Prüfungen hinnehmen, die ihn zwingen, sich die einzig wirklich wichtigen Fragen zu stellen: die nach dem Sinn seines Lebens. Und wenn man den Menschen sagt, dass sie die Antworten in der Religion finden werden, fühlen sich die meisten von ihnen weiterhin verloren, in einem Vakuum, weil ihnen vorgefertigte Antworten nicht weiterhelfen. Aber gelegentlich kommt es vor, dass ein Wesen, überwältigt von seinem Leid, so tief in sich selbst abtaucht, dass es schließlich die Antworten in seiner inneren Tiefe findet. Es ist nicht die Religion, die ihnen hilft, und auch nicht der Glaube, sondern sie finden den Glauben aufgrund der Erfahrung, die sie durchleben.

Der Apostel Paulus erklärt die Prinzipien des Glaubens,
in Anwesenheit von König Agrippa, seiner Schwester Berenike und des Prokonsuls Festus,
Vasily Surikov (1875)

In Wahrheit hat Gott alle Antworten auf die Fragen, die der Mensch sich stellt, in ihn hineingelegt; ebenso alle Mittel, die er braucht, um die Prüfungen des Lebens zu bestehen. Wenn er gesucht und gegraben hat, findet er sie am Ende in sich selbst, und mit Sicherheit eher dort als in manchen Erklärungen der Religion.

Die Pforten der Einweihung

Großer Portikus im Tempel von Philae
David Roberts (zwischen 1845 und 1849)

Der Hüter der Schwelle

Es gibt zwei Arten von Wärme und Kälte: Eine Wärme kommt von der Sonne, die andere vom Mars. Eine Kälte kommt vom Saturn, die andere von der Erde. Die Sonne repräsentiert die Wärme, die belebt. Die Wärme von Mars hingegen verbrennt und entfacht Leidenschaften, die zerstören.

Kronos (Saturn)

Skulptur von Franz Ignaz Günther (1725-1775)
Bayerisches Nationalmuseum München

Saturn, das ist die Kälte der Meditation, der Intelligenz, der Weisheit. Um weise zu werden, müssen die Leidenschaften einen kalt lassen. Saturn lehrt seine Schüler: »Meine lieben Kinder, wenn ihr die Geschichte der Welt erkennen wollt, müsst ihr in die Akasha-Chronik eintreten. Ich bin ihr Hüter der Schwelle und lasse nur die Weisen vor. Dazu müsst ihr kalt sein und alle irdische Glut in euch verjagen.« Deshalb sind jene, die von Saturn geprägt sind, kalt. Sie weisen die großen Leidenschaften zurück, um in den Bereich der Weisheit zu gelangen (ich spreche hier von denen, die auf positive Weise von Saturn geprägt sind). Die andere Kälte ist die der Erde, der Trennung und des Todes.

Ein Führer mitten im Stürmen und Tosen der Nacht

Gewitter und Blitze über dem Grand Canyon, Arizona (USA)

Manchmal nahm uns Meister Peter Danov mit auf die Hänge des Mussala, egal bei welchem Wetter: Regen, Hagel, Schnee…

Dabei wurden unsere Ausdauer und unser Glaube auf die Probe gestellt. Das Gewitter tobte, die elektrisch aufgeladenen Felsen gaben eine Strahlung ab, die kaum zu ertragen war. Das Wasser prasselte auf uns herab, Funken stoben aus unseren Haaren und den Bärten der älteren Brüder. Aber wir gingen stoisch weiter. Wie könnte ich euch beschreiben, was wir dabei empfanden? Nur wer Stunden mit solch physischer und psychischer Anspannung durchlebt hat, kann verstehen, wie sehr sie Seele und Geist beanspruchen. Ich sagte mir, dass diese Momente dem entsprachen, was der Meister für mich bedeuten sollte: ein Führer inmitten der Stürme und Unwetter des Lebens. Und heute, nach so vielen Jahren, erscheinen mir die Aufstiege im Rila-Gebirge vor allem als ein Symbol für die Aufstiege in der geistigen Welt, zu denen er uns führen wollte.

Die Pforte der Einweihung

»Geht hinein durch die enge Pforte. Denn die Pforte ist weit, und der Weg ist breit, der zur Verdammnis führt, und viele sind's, die auf ihm hineingehen. Wie eng ist die Pforte und wie schmal der Weg, der zum Leben führt, und wenige sind's, die ihn finden!«

Evangelium nach Matthäus 7,13-14

Was ist die Einweihung? Es ist eine lange Askese, während der ein Mensch lernt, seine niedere Natur zu beherrschen. Was macht die Schlange, wenn sie sich häuten muss? Sie versucht, durch eine enge Öffnung zu schlüpfen. Wie die Schlange bereitet sich der Schüler darauf vor, durch eine Pforte zu gehen, an der er seine alten Häute, seine niederen Körper, ablegt: Er reißt sich nicht nur von seinem Astralkörper, sondern auch von seinem Mentalkörper los, um in seinen höheren Körpern zu leben: Kausal-, Buddhi- und Atmankörper. Jesus ermutigt uns alle, durch diese enge Pforte zu gehen. Das ist natürlich das Ende des Weges, eine schwierige Prüfung, aber wir sollten uns nicht davor fürchten, gewisse Entbehrungen zu erleiden. Im Gegenteil, wir sollten uns über den Verlust unserer alten Haut freuen, um ein neues Wesen mit einem umfassenderen Verständnis und einem großzügigeren Herzen zu werden.

Die Einweihung
Charles Sellier (1830-1882)

Wenn sich der Mensch auf Erden inkarniert, hat er notwendigerweise zwei Pforten zu durchschreiten: die der Geburt und die des Todes. Ob sie nun gut oder böse sind, alle müssen selbstverständlich diese Pforten passieren. Aber es gibt noch eine dritte, und jene Pforte zu durchschreiten, erfordert eine lange Arbeit an sich selbst, eine Arbeit des Loslösens und der Entsagung. Dies ist die Pforte der Einweihung. Jeder Zutritt zu einer höheren Bewusstseinsebene kann nur durch einen Eingang erfolgen, der immer enger wird. Und man könnte sagen, dass sich diese Pforte exakt an die Größe und Form jedes Einzelnen anpasst. Um hindurchgehen zu können, müssen wir uns nackt präsentieren, das heißt, befreit von allem, was uns verdunkelt und beschwert, um uns im reinen Licht unserer geistigen Körper zu zeigen.

Die zwei Schlüssel

Betrachten wir einmal die zweite Tarotkarte näher: Die Hohepriesterin sitzt vor einem zwischen zwei Säulen gespannten Schleier. Ihre rechte Hand liegt auf einem halb geöffneten Buch auf ihrem rechten Knie, in der linken Hand hält sie zwei Schlüssel: der eine ist aus Gold, der andere ist aus Silber. Das Gold entspricht dem männlichen Prinzip, dem Geist; das Silber repräsentiert das weibliche Prinzip, die Materie. Das bedeutet, dass die Kenntnis beider Prinzipien der Schlüssel ist, um das große Buch der Natur zu öffnen. Ihr werdet sagen: »Aber da sind doch zwei Schlüssel.« Ja, aber diese zwei Schlüssel sind in gewisser Weise nur einer: die Kenntnis der beiden Prinzipien…

Die Hohepriesterin
Oswald Wirth, Public domain, via Wikimedia Commons

Wenn der Eingeweihte diese beiden Schlüssel in das Schloss steckt (wir können die Natur als ein riesiges Schloss verstehen), öffnet sich die Tür, das heißt, der Schleier des Tempels, der zwischen den beiden Säulen gespannt ist, fällt. Diese Symbole des Schlüssels und des Schlosses sind in allen Bereichen des Daseins zu finden. Überall gibt es Schlüssel und Schlösser, um Türen zu öffnen, denn überall existiert Materie, in die der Geist vordringen muss, um Reichtümer zu offenbaren.

Die Durchquerung der Wüste

Eine Karawane mit Pyramiden und Sphinx
Joseph Austin Benwell (1816-1886)

Irgendwann im Laufe seines irdischen Daseins macht jeder die schreckliche Erfahrung der Einsamkeit, der Wüste der Seele. Alle Menschen, auch die größten Eingeweihten, erleben eines Tages dieses unbeschreibliche Leid, denn nur so kommen wir dem Wesentlichen näher. Erfolge zu erringen und von Freunden umgeben zu sein, ist schön, aber um die Wahrheiten der Seele und des Geistes berühren zu können, ist es notwendig, sich allein und verlassen zu fühlen. Obwohl in Wirklichkeit niemand im wahrsten Sinne des Wortes verlassen ist: Selbst in den schrecklichsten Prüfungen, durch die wir gehen müssen, ist jeder von uns umgeben von Geistern und Wesenheiten, die zu ihm sprechen und über ihn wachen. Die Einsamkeit existiert nicht, sie ist nur ein vorübergehender Bewusstseinszustand. Um diesen so schnell wie möglich zu überwinden, gibt es keine andere Rettung, als die Liebe zu Demjenigen, der alle Welten im Raum unterhält.

Wie viel Land ist wegen Wassermangels zur Wüste geworden! Wie viele Wüsten aber, in denen man das Wasser zum Sprudeln brachte, haben sich zu fruchtbaren Böden gewandelt! Angenommen, ihr durchquert eine Wüste mit einer Ladung Gold: Was habt ihr davon, wenn euch das Wasser ausgeht?

Da ihr nun wisst, dass ihr früher oder später eine Wüste zu durchqueren habt, arbeitet daran, Wasser bei euch zu haben – und dieses Wasser sind der Glaube, die Liebe und die Hoffnung. Auch mitten in der Wüste dürfen sie euch nicht ausgehen. Wenn ihr sie verliert, dann deshalb, weil es euch noch nicht gelungen ist, eure niedere Natur zu bändigen, die nur auf eine Gelegenheit gewartet hat, euch zu Fall zu bringen.

Selbst mitten in der Wüste müsst ihr sagen können: »Mein Herr und Gott, Du hast meinen Weg vorgezeichnet, und ob es Wasser gibt oder nicht, ich gehe weiter«, und euren Weg mit noch mehr Eifer und doppeltem Glauben fortsetzen. Weiterzugehen ist eure einzige Zuflucht, denn schließlich, eines Tages, werdet ihr Wasser finden; sogar mitten in der Wüste gibt es Oasen. Geht also weiter, bis ihr eine Oase in eurem Inneren erreicht, wo ihr eine Quelle findet: Hier werdet ihr euren Durst stillen und eure Wüste in fruchtbares Land verwandeln.

Oase im Ubari Sandmeer, Libyen, einem Teil der Sahara-Wüste
Foto 8728399 © Amanda Lewis | Dreamstime.com

Erinnert euch an die Geschichte von Odysseus

Natürlich gibt es auf dem Weg viele verführerische Dinge zu sehen und zu kosten, aber wenn wir dort stehen bleiben, erreichen wir nicht das Ziel, das am Ende aller Tätigkeiten stehen soll: das Licht.

Die meisten Menschen bleiben auf halbem Wege stehen, denn dort ist alles attraktiv, schillernd... Man trifft aber auch auf »Sirenen«, und wenn man sich von ihrem Gesang verführen lässt, ist man innerlich hin und her gerissen. Erinnert euch an die Geschichte von Odysseus in der Odyssee. Odysseus war ein weiser Mann, ein Seefahrer, der wusste, dass er unterwegs den Sirenen begegnen würde, die ihrerseits versuchen würden, ihn durch ihren Gesang anzulocken, um ihn zu verschlingen – und er traf Vorsichtsmaßnahmen. Seine Gefährten wies er an, sich die Ohren mit Wachs zu verschließen, damit sie diese betörenden Stimmen nicht hörten, denen sie ansonsten nicht widerstehen würden. Er selbst tat dies nicht, denn er wollte sie hören. Allerdings sagte er zu seinen Gefährten: »Bindet mich an den Mast, und wenn ich euch auffordere, mich loszubinden, zieht meine Fesseln noch fester.« Als das Boot sich der Insel der Sirenen näherte und Odysseus ihre Stimmen vernahm, verlor er den Kopf, wollte unbedingt zu ihnen und rief: »Bindet mich los, befreit mich.« Er drohte sogar damit, seine Gefährten zu töten, wenn sie seinem Befehl nicht gehorchten. Sie aber hielten sich an seine Anweisung und zogen die Fesseln noch fester...

Odysseus und die Sirenen
John Williams Waterhouse (1891)

Nun, die Sirenen repräsentieren, was Euch auf halbem Weg* erwartet, und deshalb dürft ihr dort nicht anhalten. Natürlich sind alle Reize und Verlockungen da, aber man darf nicht stehen bleiben, sonst erliegt man der Versuchung.

Odysseus und die Sirenen, 1829

Öl auf Leinwand mit einer Höhe von 58 cm und einer Breite von 74 cm von Alexander Bruckmann (1806-1852).
Bild Public Domain via Wikimedia Commons

* Bemerkenswerter »Zufall«: Die Episode mit den Sirenen wird im 12. Gesang der Odyssee geschildert – genau in der Mitte des Epos, das von Odysseus' Rückkehr in seine Heimat handelt, nach Ithaka (wie die Ilias besteht auch die Odyssee aus 24 Gesängen).

Die Geschichte der Blumenmädchen

Ihr kennt auch die Geschichte von den Blumenmädchen in Wagners Oper Parzival. Dieser kommt eines Tages auf eine Wiese, wo er schönen jungen Frauen begegnet, eben den Blumenmädchen. Sie wollen ihn verführen, aber hinter diesen Blumenmädchen verstecken sich Schlangen... Diese und viele vergleichbare Erzählungen in der Weltliteratur enthalten große esoterische Wahrheiten. Odysseus und Parzival symbolisieren den Schüler, der auf dem Pfad der Einweihung auf Versuchungen trifft, aber er darf bei ihnen nicht stehen bleiben, sonst verliert er sein Leben. Er muss bis zum Gipfel weitergehen, denn ist er erst einmal dort angekommen, erhält er alles, es wird ihm alles gegeben: Ruhe, Nahrung, Wissen.

Der Blumenkavalier
Georges-Antoine Rochegrosse (1894)

Die Spuren des verlorenen Paradieses wiederfinden

Die Einweihung ist eine Arbeit des Sich-Erinnerns. Die Aktivitäten des Schülers einer Einweihungsschule sind nur dann sinnvoll, wenn er versucht, sich an die Welt des Lichts zu erinnern, aus der er herabgestiegen ist und in die er eines Tages zurückkehren muss. Dank der Wahrheiten und guten Einflüsse, die er empfängt, und mit Hilfe der Wesenheiten der unsichtbaren Welt, ist er in der Lage, in sich die Spuren jenes verlorenen Paradieses wiederzufinden, und diese Erinnerung erlebt er als größten Segen.

Eingang zum Paradies
Wilhelm Bernatzik (1906)

Und er muss sich auch an die Leiden erinnern, die er ertragen, an die Fehler, die er begangen, sowie an die Schulden, die er aufgenommen hat: Denn eines Tages wird er allen Wesen wiederbegegnen müssen, denen er Unrecht getan hat, um sich mit ihnen auszusöhnen, Wiedergutmachung zu leisten und sein Karma auszugleichen. Es ist diese Aufgabe, die den Schüler erwartet und letztlich alle Menschen. Nur derjenige, dem es gelungen ist, seine Fehler zu korrigieren und schlechte Taten durch gute wieder aufzuwiegen, wird endgültig in die Versammlung der Söhne und Töchter Gottes aufgenommen.

Die Einweihung in den ägyptischen Pyramiden

Sonnenaufgang über den Pyramiden von Gizeh
Frederick Goodall (1897)

Nach den vorbereitenden Prüfungen, die der Schüler zu durchlaufen hatte, war er bereit für die letzten Grade der Einweihung... Der letzte Grad, das war die Erfahrung von Tod und Auferstehung... Die Priester brachten den Kandidaten in das Heiligtum, wo er sich in einen Sarkophag legen musste. Mit Formeln, die sie rezitierten, versetzten sie ihn in einen Zustand der Lethargie, der dem Tod nahe war: Sein Äther- und sein Astralkörper verließen nun seinen physischen Körper, um durch den Raum zu reisen, verschiedene Regionen des Universums aufzusuchen und die Gesetze zu begreifen, die es regieren. All dies wurde in seinem Ätherleib aufgezeichnet, der die Erinnerung daran bewahrte. Und da in solchen Fällen immer die Gefahr besteht, dass die Verbindung zwischen den feinstofflichen Körpern und dem physischen Körper abreißt, blieben die Priester bei ihm, um über ihn zu wachen. Das konnte drei Tage und drei Nächte dauern... Dann ließen sie ihn, indem sie andere Formeln rezitierten, in seinen Körper zurückkehren.

Der Weg der Stille,
Frantisek-Kupka (um 1903)

Diese Erfahrung aber konnte der Schüler niemals wieder vergessen, denn sie machte aus ihm wahrhaftig ein neues Wesen. Dieses Erlebnis von Tod und Auferstehung steht in anderer Form im Zentrum der christlichen Religion, denn Jesus sagte: »Wenn das Weizenkorn nicht in die Erde fällt und erstirbt, bleibt es allein; wenn es aber erstirbt, bringt es viel Frucht«, oder auch: »Wenn der Mensch nicht wiedergeboren wird, kann er nicht in das Reich Gottes eingehen.«

Da seine lange Lehrzeit beendet war, verabschiedete sich der neue Eingeweihte von seinen Meistern. Manchmal reiste er weiter nach Persien, um in die Mysterien des Mithras eingeweiht zu werden, oder nach Indien, um von den Brahmanen unterwiesen zu werden.

Darstellung vonMithras
dem Mithras-Kult geweihte Stele, die bei Grabungen in Brocolitia (Carrawburg, Nordengland) gefunden wurde
Great North Museum in Newcastle upon Tyne (Vereinigtes Königreich)

Isis, Herrscherin des Himmels und der Sterne

»Ich klettere hinauf in den Lichtraum. Ich durchquere den Geist der Erde.
Ich werde im Licht wandeln und den Stern erreichen.
Ich jubelte, weil man mich den Himmel berühren ließ.
Mein Kopf durchstieß das Firmament, um den Leib der Sterne zu streifen
Und Entzücken hat mich erfüllt, so dass ich wie ein Stern leuchtete,
so dass ich wie ein Sternbild tanzte.
Isis, Schöpferin des Universums
Herrscherin des Himmels und der Sterne, Herrin des Lebens,
Regentin der Gottheiten, wunderbar beratende Magierin,
weibliche Sonne, die alles mit ihrem Siegel versiegelt!
Die Menschen leben nach deinen Weisungen,
Nichts kann ohne deine Zustimmung verwirklicht werden...«*

Isis stillt Horus
Bronze mit Spuren von Silber (um 680-640 v. Chr.)
Walters Art Museum, Baltimore (USA)

* Aus »La Sagesse vivante de l'Égypte ancienne«, Christian Jacq, Seiten 50-51,106.

Pegasus, das geflügelte Pferd

Die Mythologien aus aller Welt sollten ernster genommen werden. Insbesondere bestimmte Erzählungen aus der griechischen Mythologie, wie die von den Abenteuern eines geflügelten Pferdes namens Pegasus. Mit einem Tritt seines Vorderhufs ließ es auf dem Berg Helikon die Quelle Hippokrene hervorsprudeln, um die sich die neun Musen* versammelten. Es hieß, dass jene Dichter, die von dem Quellwasser tranken, Inspirationen empfingen.

Interpretieren wir diesen Mythos im Licht der Symbolwissenschaft. Wir haben hier also ein geflügeltes Pferd. Nun, das Pferd ist eines der Symbole der Unterwelt und damit der niederen Natur. Wenn es Flügel hat, dann deshalb, weil die niedere Natur von der höheren gezähmt worden ist. Dafür spricht auch, dass dieses Pferd auf einem Berg, auf einem Gipfel, eine Quelle hat hervorsprudeln lassen. Um diese Quelle herum kommen die Musen zusammen, und die Dichter suchen sie auf, um von ihr zu trinken und dadurch inspiriert zu werden... Diese Legende ist sehr lehrreich, sie handelt von den Bedürfnissen der Seele und des Geistes.

Statue von Pegasus auf dem Dach der Oper,

in Poznan, Polen.

* In der griechischen Mythologie waren die Musen die Töchter von Zeus, dem Vater aller Götter, und der Nymphe Mnemosyne (deren Name »Erinnerung« bedeutet). Sie verherrlichten in ihren Liedern die Heldentaten gegen die Titanen am Anfang aller Zeiten. Als junge Frauen begleiten sie den Sonnengott Apollon.

Den Rausch weit oben suchen

Ihr habt sicher schon betrunkene Menschen gesehen: Ihr schwankender Gang spiegelt sich in ihrer Gemütslage wider, die von einem Extrem ins andere fällt. Sie lachen, dann weinen sie; sie wirken glückselig, dann wütend; sie schlafen unter dem Tisch ein, dann zerschlagen sie alles um sich herum; sie beleidigen Passanten oder werfen sich ihnen an den Hals, um sie zu umarmen. Aber nicht nur der Wein ruft Trunkenheit hervor. Es gibt Gedanken und Gefühle, die dem Wein ähneln. Wer unter dem Einfluss eines solchen Weins steht, verirrt sich in den Nebeln und Dämpfen der Astralwelt, er verliert die klare Sicht der Dinge, sein Gang und sein Urteilsvermögen werden wackelig.

Aber es gibt auch eine göttliche Trunkenheit: die Ekstase. Und dieser Rausch hingegen verleiht eine klare Vision, er erleuchtet das Bewusstsein. Ist es verboten, sich zu betrinken? Nein, schließlich hat Gott dieses Bedürfnis in den Menschen hineingelegt. Aber man muss die Trunkenheit weit oben suchen, in der Schönheit, im Licht, indem man von reinen Quellen trinkt, die auf den Gipfeln der geistigen Berge sprudeln. Steigt auf und trinkt von ihren Wassern, und ihr werdet einen wunderbaren Rausch kennenlernen, der euch Ausgeglichenheit, Kraft und Klarheit schenken wird.

Die Ekstase der Heiligen Teresa

Marmorstatue von Gian Lorenzo Bernini (1647-1652), Kirche Santa Maria della Vittoria, Rom (Italien)

Die Suche nach dem Gipfel

Die Felsnadel »Aiguille de Roc«
Montblanc-Massiv

Der Bergsteiger Gaston Rébuffat auf einem Foto* von George Tairraz auf 3.409 Höhenmetern (1944)

*Dieses Foto gehört zu den Aufnahmen, die an Bord der Raumsonden Voyager I und II von der NASA in den Weltraum gesandt wurden. Außerirdischen sollen sie bei einer möglichen Begegnung vermitteln, was die Menschheit u.a. erreicht hat.

Die Einweihung auf dem Gipfel des Berges

Um mit dem Himmel zu kommunizieren, müssen wir hinauf auf einen Berg, denn es sind die Berge, die die Verbindung zwischen der Erde und dem Himmel herstellen. Wir müssen körperlich, aber vor allem auch geistig aufsteigen und lange meditieren, um zu verstehen, was der Berg in uns, in unserem Innenleben darstellt. Auf drei- oder viertausend Meter hohe Gipfel zu klettern, Wasser aus Wildbächen zu trinken und in den Seen zu baden, das ist zwar schön, reicht aber nicht. Diese Handlungen müssen innerlich eine Fortsetzung finden. Die Suche nach dem Gipfel ist das wichtigste, das bedeutungsvollste Vorhaben, das ein Mensch angehen kann. Dabei wird er sich bewusst, dass die Kräfte und Tugenden, die der Schöpfer in ihm angesammelt hat, ihn weit über alle irdischen Errungenschaften hinausführen können.

Bevor der Meister einem Schüler die Einweihung erteilt, muss er warten, bis dieser hoch oben auf dem Berg angekommen ist. Dann kann er ihm die Binde über den Augen abnehmen: Erst in diesem Moment, in dem er die Architektur des Universums und die Ordnung der Welt erfassen kann, ist er bereit, die Einweihung zu empfangen. Denn das ist die Einweihung: die Offenbarung, die der Mensch auf dem Gipfel eines hohen Berges erhält.

Auf den Höhen
Nicholas Roerich (1936)

Erklimmt zuerst die Gipfel eures inneren Wesens

Wenn ihr wirklich die Kommunion mit dem Himmel erleben wollt, bemüht euch zuerst, die Gipfel eures inneren Wesens zu erklimmen. Verweilt dort so lange wie möglich, um von diesem intensiven Leben zu kosten. Da es schwierig ist, diese Intensität lange zu bewahren, könnt ihr euch nach einer Weile hingeben, euch vom Licht tragen lassen, als würdet ihr auf einem ruhigen Meer dahintreiben... Ihr denkt nicht mehr, ihr fühlt nahezu nicht mehr... An diesem Ort gibt es keine Gefahren mehr, denn eure Seele ist da, lebendig, vibrierend, um sich von den reinsten, den lichtvollsten Elementen durchfluten zu lassen.

Und wenn ihr eure täglichen Arbeiten wieder aufnehmen müsst, spürt ihr, dass diese spirituellen Elemente alles in euch wiederherstellen und harmonisieren. Euer Wunsch wächst, zu arbeiten, anderen zu helfen und sie zu lieben, und das ist ein Gefühl, das nicht trügt.

Die Farben des Alltags
Nikolaos Gyzis (1842-1901)

Der »Gipfel« entspricht dem Geist, der alles sieht

Am Fuße eines Berges ist unsere Sicht eingeschränkt. Steigen wir aber zum Gipfel auf, geht unser Blick ungehindert in die Ferne und wir entdecken all die Weite um uns herum.

Trollzunge

Ein zehn Meter langer Felsvorsprung, mehrere hundert Meter über dem Ringedalsvatnet-See (Norwegen), © Everste / istock.com

Das Symbol des Berges mit seinen unteren Regionen und seinem Gipfel findet sich auch in unserem Seelenleben wieder. Die unteren Regionen werden gebildet von Intellekt und Herz: Mit Berechnungen beschäftigt, schränken sie unsere Sicht ein oder trüben sie und führen uns so in die Irre. Auch wenn sich ihre Berechnungen für eine gewisse Phase und in bestimmten Bereichen als effizient erweisen, ist es jedoch wahrscheinlich, dass die Ergebnisse mit der Zeit nicht mehr unseren Erwartungen entsprechen. Der Gipfel indes, das ist der Geist, der alles ganz genau und aus der Ferne sieht, der uns führt und uns in unseren Gewissheiten bestärkt.

Er sagt zu uns: »Für den Moment scheint das, was du siehst, die Wahrheit zu sein, aber geh nur weiter nach oben...« Vielleicht werden wir den Gipfel nie erreichen, aber die Hauptsache ist, in unserem Aufstieg nicht stehen zu bleiben. In dem Maße, in dem wir in das Licht des Geistes eintreten, lassen wir Unsicherheit und Illusionen hinter uns.

Strebt einem immer höheren Gipfel zu

Eure erste Aufgabe besteht darin, Klarheit in euch herzustellen und dann nach dem Grundton zu suchen, von dem aus ihr eure verschiedenen Neigungen harmonisieren werdet. Ihr könnt diesen Ton nur finden, wenn ihr euch bemüht, dem Gipfel zuzustreben.

Bergrücken zwischen Hengst und Schibengütsch, Schrattenfluh, Luzerner Alpen
© Markus Thoenen / istock.com

An dem Tag, an dem ihr, wenn auch nur für wenige Minuten, die Luft auf einem Gipfel geatmet habt, werdet ihr verstehen, wovon ich spreche. Das Wort »Gipfel« symbolisiert die höchste Stufe des menschlichen Bewusstseins. Und was für den einen den Gipfel darstellt, mag für den anderen keiner sein. Für manche besteht der Gipfel, ganz bescheiden, zunächst darin, mit dem Rauchen aufzuhören; für andere, ihre Angst zu überwinden, den Egoismus, die Faulheit, die Ungeduld, die Gier oder ihre Wut. Was auch immer es ist: Jeder Gipfel erfordert täglich Arbeit an sich selbst. Jeder sollte sich jeden Tag einen Gipfel vornehmen, und wenn er ihn erreicht hat, dem nächst höheren Gipfel zustreben: So wird er den Grundton finden und in Harmonie kommen mit allen Geschöpfen.

Die Unebenheiten

Habt ihr bei Ausflügen in die Berge nicht auch bemerkt, dass gerade die Unebenheiten Euch den Aufstieg ermöglichen, weil ihr euch daran festhalten könnt? Warum also wollt ihr, dass in eurem Leben alles glatt verläuft? Unter solchen Bedingungen werdet ihr niemals den Gipfel erreichen; und vor allem, was für ein Gerutsche beim Abstieg!…

Zum Glück bietet das Leben euch viele Hindernisse, dank dieser seid ihr lebendig. Ja, deshalb sollt ihr nicht darum bitten, dass das Leben geschmeidig verläuft – ohne Leiden, ohne Unannehmlichkeiten, ohne Sorgen, ohne Feinde, denn sonst habt ihr nichts, woran ihr euch festhalten könnt, und werdet abrutschen.

Hört also auf, euch über die Schwierigkeiten und Hindernisse zu beklagen, denen ihr in eurem Leben begegnet: Sie sind es, die es euch erlauben, voranzukommen. All jene, die danach verlangen, in Leichtigkeit und Üppigkeit zu leben, erkennen nicht, dass sie in Wirklichkeit um ihr eigenes Unglück bitten.

Klettertour im südafrikanischen Gebirge

Wählt die Richtung, die zum Gipfel führt

In der Göttlichen Komödie beschreibt Dante die Hölle als einen umgekehrten Kegel. Dies ist nur ein Bild, aber es entspricht einer Realität. Je mehr sich ein Wesen durch sein Verhalten von Gott – symbolisch der Spitze eines Kegels – entfernt, desto mehr verdammt es sich selbst dazu, in die Tiefe eines auf dem Kopf stehenden Kegels hinabzusteigen und dabei sämtliche Einschränkungen und Begrenzungen zu ertragen. Nur derjenige, der durch den Aufstieg zum Gipfel sich und sein Leben zu vereinfachen sucht, spürt, wie seine Möglichkeiten zunehmen, sich an verschiedene Orte zu begeben, zu erschaffen und sich frei auszudrücken.

Die Karte der Hölle

Sandro Botticcelli (zwischen 1485 und 1495)

Der wunderbare Mantel der Stille

© Donald34 / istock.com

An dem Tag, an dem es euch gelingt, die inneren Stürme zu meistern, wird sich die Stille nähern und sich um euch herum ausbreiten, um euch in ihren wunderbaren Mantel zu hüllen. Dann werdet ihr klarsehen und spüren, dass etwas sehr Mächtiges die Welt beherrscht und regiert: jene ursprüngliche Stille, aus der die Schöpfung hervorgegangen ist und zu der sie eines Tages zurückkehren wird.

Die Stille ist die höchste Region unserer Seele. In dem Moment, in dem wir diese Region erreichen, treten wir ein in das kosmische Licht. Dieses Licht ist die Quintessenz des Universums. Alles, was wir um uns herum sehen, die Wesen, die Natur, die Dinge und sogar das, was wir nicht sehen, ist von Licht durchdrungen. Wenn wir meditieren, hat die Stille, die wir in uns aufnehmen wollen, nur ein Ziel: die Verschmelzung mit diesem lebendigen, kraftvollen Licht, das die ganze Schöpfung durchdringt.

Die Arbeit an der Standfestigkeit

Im Alten Ägypten bestand der größte Sieg des Eingeweihten darin, eines Tages sagen zu können:

»Ich bin beständig, Sohn der Beständigkeit, gezeugt und geboren im Bereich der Beständigkeit.«

Der kubische Stein, auf dem die alten Ägypter ihre Pharaonen und Götter darstellten, war ein Symbol für Standfestigkeit: Der Würfel mit seinen sechs identischen, quadratischen Flächen bietet mit seinem Volumen das solideste physikalische Fundament. In Indien hingegen werden die Gottheiten und Weisen meist auf dem Boden sitzend dargestellt, die Beine gekreuzt im sogenannten Lotussitz. Derjenige, der auf einem kubischen Stein sitzt, vermittelt einen größeren Eindruck von Stabilität. Dabei handelt es sich um eine andere Philosophie und Lebenseinstellung.

Würfelhocker-Statue von Senenmut und Neferu-Re

Granit, Neues Reich (18. Dyn.)
Ägyptisches Museum im Neuen Museum in Berlin

Jenseits der Symbolik des Würfels selbst, repräsentiert diese Eigenschaft der Stabilität zudem das Wesen Gottes: Gott ist absolute und ewige Liebe, absolute und ewige Weisheit, und sind seine Manifestationen, seine Formen auch unendlich, so ist sein Wesen doch eins und unveränderlich. Für den Schüler, der den Pfad des Guten und Wahren gefunden hat, ist es zentral, an dieser Tugend zu arbeiten: der Stabilität.

Je mehr ein Wesen wächst, desto mehr muss es die höheren Welten im Blick behalten

© Biletskiy_Evgeniy / istock.com

Wenn ein Mensch es geschafft hat, über seine Schwächen zu triumphieren, gleicht er einem Bergsteiger, der den Gipfel eines hohen Berges erklommen hat. Doch dort lauert eine Gefahr auf ihn: der Stolz. Was ist Stolz? Einfach eine Art, den Kopf zu halten, den Blick auszurichten. Genauso ist Demut eine Art, den Kopf zu halten und den Blick auszurichten. Wer oben angekommen ist und nach unten blickt, sieht nur Mittelmäßigkeit, Ignoranz, Verbrechen, und er plustert sich auf unter dem Eindruck seiner Überlegenheit. Dies bringt ihn jedoch nicht voran. Je mehr ein Wesen wächst, desto mehr muss es seine Augen zu immer höheren Welten erheben, die von lichtvollen Geschöpfen bewohnt werden. Im Angesicht der Herrlichkeit, die sich ihm dabei offenbart, fühlt er sich in Wirklichkeit sehr klein, und es ist dieses Bewusstsein seiner Kleinheit, das ihm hilft, sich weiter zu erheben.

Die Bedeutung dieser gegenläufigen Bewegung: Aufsteigen und Absteigen

Aufsteigen und absteigen... Ein wahrer Spiritualist ist derjenige, der die Bedeutung dieser doppelten Bewegung verstanden hat. Er weiß, dass er nicht immer auf den Gipfeln verweilen kann, aber er hält sich auch nicht zu lange im Staub, der Unruhe und dem Lärm der Täler auf. Er steigt auf, er steigt ab... er steigt wieder auf und wieder ab... Aufsteigen bedeutet, die Weisheit zu suchen, sie zu studieren, zu meditieren und zu beten. Absteigen heißt zu lieben.

Wenn wir versuchen, uns so hoch wie möglich in uns selbst zu erheben, entdecken wir die Größe und das Licht in uns. Diese Größe und dieses Licht lehren uns, dass wir auch in der Lage sein müssen, wieder herabzusteigen, um unseren Brüdern und Schwestern zu helfen. Denn sich zu erheben bedeutet nicht, sich wie jene hochmütigen, unnahbaren und harten Menschen zu verhalten, die meinen, sie würden an Ansehen verlieren, wenn sie anderen die Hand reichen, die weniger begabt sind, weniger gebildet, weniger mächtig und weniger vom Schicksal begünstigt.

Während wir unten auf Erden unter den Menschen leben und arbeiten, müssen wir es innerlich vermeiden, abzusteigen, das heißt, unseren niederen Neigungen nachzugeben oder uns an egoistischen, unredlichen Unternehmungen zu beteiligen. Und wieder ist es die Sonne, die uns unterrichtet: Sie kommt zu uns herab, sie wärmt uns, erleuchtet uns, sendet uns ihre Botschaften, ihre Seele, ihre Liebe; sie gibt uns ihr Leben, während sie auf ewig hoch oben bleibt.

Die Wunder der Schöpfung über die Nahrung entdecken

Wenn ihr versteht, wie es möglich ist, in den verschiedenen Regionen des Raumes die richtige Nahrung für eure verschiedenen Körper zu finden, dann wird euch das Universum als eine riesige Symphonie erscheinen. Aber zunächst müsst ihr die Verbindungen wiederherstellen, damit die Energieströme zwischen dem Universum und euch fließen können, und dies kann nur durch die Arbeit des Denkens geschehen.

Wenn ihr also esst, lernt, euch auf die Nahrung zu konzentrieren, indem ihr euch vorstellt, dass ihr durch sie mit dem ganzen Universum kommuniziert. So werden euch die Nahrungsmittel ihre Geschichte erzählen und zu euch über die Erde, den Wind, den Regen, den Tau, die Sonne und die Sterne sprechen…

Gemüsestand auf einem Bauernmarkt in Malaysia, Asien

Bringt euch mit der kosmischen Atmung in Harmonie

So wie das Essen, bringt uns auch die Atmung in Kontakt mit dem Universellen Leben. Aber damit diese Beziehung umfassend und tief wird, müssen wir uns ihrer bewusst sein und sie mit einer Arbeit des Denkens begleiten.

Einatmen und Ausatmen, diese beiden Bewegungen von Flut und Ebbe, die abwechselnd unsere Lungen füllen und leeren – sie erhalten uns am Leben. Es ist ein universelles Gesetz: In der Natur atmet alles, die Tiere, die Pflanzen und sogar die Erde. Die Erde ist lebendig, sie atmet, und auch die Sterne atmen. Ja, sie atmen ein und atmen aus, und ihr »Atem« erreicht uns in Form von Einflüssen.

Wer die tiefe Bedeutung der Atmung verstanden hat, spürt nach und nach, wie sein eigener Atem mit dem Atem Gottes verschmilzt. Denn auch Gott atmet. Er atmet aus, und die Welt erscheint, er atmet ein, und die Welt verschwindet. Natürlich dauern die Ein- und Ausatemzüge Gottes Milliarden und Abermilliarden von Jahren. So steht es in den Heiligen Büchern Indiens: Eines Tages wird Gott einatmen, und dieses Universum wird verschlungen werden und ins Nichts zurückkehren... Dann wird Gott wieder ausatmen, und eine neue Schöpfung erscheinen, die wieder Milliarden von Jahren Bestand haben wird. Durch den Menschen atmet Gott schneller, aber im Kosmos sind seine Atemzüge sehr lang. Je länger also unser Atem wird, desto mehr nähern wir uns dem Atem Gottes.

Atemübungen
an der frischen Luft.

Gruß an die Schöpfung

Die Hand ist nicht nur ein Mittel, um mit den Menschen in Beziehung zu treten. Sie ermöglicht es uns auch, mit der Universalseele kommunizieren, die durch die Steine, Pflanzen, Tiere und die Geister der Natur die ganze Schöpfung belebt.

Wann immer ihr also die Möglichkeit dazu habt, denkt daran, allen Wesenheiten, die die Bäume, die Berge, die Flüsse, die Seen und die Meere bewohnen, einen Gruß* mit der Hand zu senden... Grüßt den Himmel, die Sonne, die Sterne... Ihr werdet spüren, dass sich in eurem Inneren etwas ausgleicht und harmonisiert; viele Unklarheiten und Belastungen werden euch verlassen, einfach nur, weil ihr euch entschlossen habt, die lebendige Natur und ihre Bewohner zu grüßen. An dem Tag, an dem ihr lernt, Beziehungen mit der gesamten Schöpfung zu unterhalten, werdet ihr spüren, wie das wahre Leben in euch eintritt, denn eure Seele wird mit der Seele der Welt kommunizieren.

Gruß der amerikanischen Ureinwohner
Unbekannter Künstler

* »Einige Darstellungen zeigen Buddha, wie er auf seine rechte Hand blickt. Aber schaut er sie tatsächlich nur an? In Wirklichkeit kommuniziert Buddha, wenn er sich auf seine Hand konzentriert, mit der großen Hand des Schöpfers, das heißt, mit dem ganzen Universum, den Sonnen, den Sternen, den Nebeln. Und in dieser Hand des Schöpfers repräsentiert die Milchstraße die Saturn- oder Schicksalslinie.

Wenn der Buddha sich auf seine Hand konzentriert, dann deshalb, weil die Hand nicht nur ein physisches Organ ist, das wir wie irgendein Werkzeug oder Instrument benutzen: Sie ist mit einem Fluidum getränkt, dank dessen sie mit den subtilen Körpern der Natur kommuniziert. Wie Buddha kann derjenige, der sich auf seine Hand konzentriert, mit dem Universum in Beziehung treten. Er fühlt sich selbst in der Hand des Schöpfers, genährt von den Energien, die er aus dem Zentrum dieser Hand empfängt.«

Aus Band 244 der Reihe Izvor »Dem Licht entgegen«, Kapitel 2: » Lass deine linke Hand nicht wissen, was deine rechte tut «.

Sucht Gott nicht jenseits der Sterne

© MundusImages / istock.com

Jetzt aber müssen wir noch weiter gehen. Solange ihr euch den Herrn irgendwo in einer Region des Universums, die man »Himmel« nennt, mit seinen Engeln und Erzengeln, in Pracht und Festlichkeit vorstellt, bleibt Gott außerhalb von uns. Selbst wenn ihr ihn als euren Vater bezeichnet und euch als seinen Sohn oder seine Tochter, mag das zwar gut sein, aber er ist immer noch außerhalb von euch. Und hier genau liegt das Missverständnis: Ihr projiziert Gott nach außen, ihr sucht ihn, ihr fleht ihn an, er bleibt immer außerhalb von euch. Es ist schon möglich, dass Gott außerhalb des Menschen existiert; doch wenn der Mensch Ihn außerhalb seiner selbst begreift, spürt er seine eigenen Grenzen und die Hindernisse, die ihn von Ihm trennen: zu viele Welten, zu viele Sterne, unendliche Räume… unmöglich, Ihn zu erreichen. An dem Tag aber, an dem er Gott in sich selbst, in seinem Inneren als Licht, als Leben, als Intelligenz, als einzigartige Kraft wahrnimmt, kann er nicht mehr von Ihm getrennt werden, er findet Ihn in sich selbst.

Alles geschieht in uns

Eine spirituelle Lehre lehrt euch immer, wie ihr über euch selbst hinauswachsen könnt. Aber das ist natürlich nur eine Redensart, denn ihr könnt euch nicht von euch selbst lösen, alles ist in euch. Es ist euer Bewusstsein, das sich erhebt, um höhere Stufen zu erreichen. Wenn ihr das Empfinden habt, in große Höhen gelangt zu sein, hinauf bis zu den Sternen, dass ihr mit dem göttlichen Licht in Berührung gekommen seid, dann seid ihr in Wirklichkeit in euch selbst weiter, höher gegangen, man könnte auch sagen: tiefer. Ihr seid eurem Höheren Selbst begegnet. Und das ist es, was euch alle Möglichkeiten gibt, in euch neue, reinere, harmonischere Formen zu schaffen.

Die Welt in einem Tropfen Wasser

Makrofotografie von Thomas Vogel, © ThomasVogel / istock.com

Um den Realitäten der geistigen Welt Ausdruck zu verleihen, benötigen wir eine konkrete Sprache, und zwar jene der physischen Welt, so als handele es sich bei dem, was wir benennen, um einen Raum mit Distanzen, Volumen, etc. Aber in Wirklichkeit geschieht alles in uns, in unserem Höheren, unserem göttlichen Selbst.

Verbindet euch mit der lebendigen Abfolge aller Wesen

Es gibt eine lebendige Hierarchie in der Natur und durch sie, durch das Band, das uns mit allen höheren Wesen verbindet, haben wir die Möglichkeit, uns zu erheben. Aber wir sind auch mit allen Wesen verbunden, die in der Hierarchie unter uns stehen, mit den Tieren, den Pflanzen, den Steinen, und diese Bindung ist extrem machtvoll. Wenn unsere Gedanken, Gefühle und Handlungen ehrlich und rein sind, empfangen wir vom Himmel wohltuende Kräfte, die durch diese lebendige, ununterbrochene Kette von Geschöpfen in uns einströmen.

Aber diese göttlichen Strömungen machen nicht bei uns Halt, sie durchqueren uns und fließen hinab zu den Geschöpfen im Tier-, Pflanzen- und Mineralreich, die auch mit uns verbunden sind. Jeder harmonische Zustand in uns beeinflusst daher nicht nur die Menschen um uns herum auf wohltuende Weise, sondern auch Tiere, Pflanzen und Steine, die ebenfalls unsere Brüder und Schwestern sind. Und parallel fließen die Energien, dank einer anderen Strömung, vom Mineralreich hinauf in die höheren Reiche der Natur.

Der Frühling streut Sterne
Edwin Blashfield (1927)

Unsere Mission erfüllen

Midsummer Eve (1908)
Edward Robert Hughes
Kleine Elfen umringen freudig eine junge Frau.

Die kosmische Intelligenz hat uns nicht auf die Erde geschickt, damit wir, kaum angekommen, sie gleich wieder verlassen wollen – und sei es nur in Gedanken. Sie hat uns dafür geschaffen, hier zu leben, in der Materie, indem sie uns Instrumente gegeben hat: geistige Fähigkeiten, um uns weise und harmonisch all die Reichtümer der Materie zunutze zu machen. Es gilt also immer ein Gleichgewicht zwischen dem Materiellen und dem Geistigen zu finden, vergesst das niemals. Für die physische und psychische Gesundheit ist es genauso schädlich, die Erde für den Himmel aufgeben zu wollen, wie den Himmel für die Erde aufzugeben.

Die Menschen glauben, durch ihr politisches, wirtschaftliches und soziales Handeln als Einzige in den Lauf der Welt eingreifen können. Nein, wir gehören der Natur an, einem lebendigen und bewussten Organismus, in dem eine Vielzahl von Wesenheiten bereit ist, zur Evolution der Menschheit beizutragen. Die vier Elemente Erde, Wasser, Luft und Feuer haben vor dem Herrn geschworen, jenen zu helfen, die daran arbeiten, Geschöpfe des Friedens, der Harmonie und der Schönheit zu werden. Wo immer ihr also hingeht, denkt daran, all die Wesenheiten anzusprechen, die die Natur bevölkern, bis hinauf zur Sonne und zu den Sternen, und bittet sie, an der Ankunft eines neuen Zeitalters mitzuwirken.

Die Bruderschaft als Kind

Die Idee der Bruderschaft, für die wir arbeiten, ist noch wie ein neugeborenes Kind. Damit es wachsen kann, müssen wir ihm Nahrung und Kleidung geben, und beides werde ich sogar bei den Sternen suchen.

Jeden Tag bitte ich sie um etwas für dieses Kind, und die Sterne neigen sich ihm zu.

Das Neugeborene
Georges de La Tour (1640)

Epilog

Die Sterne sind nicht nur Himmelskörper, die Energien erzeugen und ausstrahlen: Es sind Welten, die von geistigen Wesenheiten bevölkert sind, die uns Botschaften senden. Lasst euren Blick über das Himmelsgewölbe gleiten und sucht euch einen Stern, bei dem ihr das Bedürfnis verspürt, Halt zu machen, weil ihr spürt, eine lebendige Verbindung mit ihm zu haben. Konzentriert euch auf diesen Stern und wendet euch an die Engel, die ihn bewohnen. Es sind Freunde, ihr könnt ihnen eure Sorgen, euren Kummer, aber vor allem euer Streben und eure Wünsche anvertrauen. Ihr werdet dabei Erfahrungen machen, die euch ein größeres Verständnis des Lebens geben, das Gefühl, dass ihr niemals allein seid, und dass sich wohlwollende Kräfte euch zuwenden und mit euch kommunizieren. Auch wenn ihr nicht genau wisst, wer sie sind, werdet ihr ihre Anwesenheit spüren. Angesichts der Weite des Himmelsgewölbes repräsentiert der Mensch zwar wenig, aber das ist kein Grund, sich allein oder verloren zu fühlen.

Der Sehsinn
Annie Louisa Swynnerton (1895)

Quellenhinweise

– I – Die Offenbarungen des Sternenhimmels

Seite

12: »Unerschöpfliche Quellen der Freude«, Reihe Izvor, Band 242, Kapitel 16
13: »Der Weg der Stille«, Reihe Izvor, Band 229, Kapitel 13
14: »La Bible, miroir de la création«, Band 1, Kapitel 1
»Der Stein der Weisen«, Reihe Izvor, Band 241, Kapitel 1
16: »Hommage an Meister Peter Deunov«, Reihe Izvor, Band 200, Seite 124 (Aufl. 1, Jahr 2015)
17: »Hommage an Meister Peter Deunov«, Reihe Izvor, Band 200, Seite 114 (Aufl. 1, Jahr 2015)
19: »Auprès du Maître Peter Deunov – Éléments d'autobiographie«, Kapitel 13
20: »Auprès du Maître Peter Deunov – Éléments d'autobiographie«, Kapitel 13
21: »Erkenne dich selbst« – Jnani Yoga, Reihe Gesamtwerke, Band 17, Kapitel 6, Teil 1
23: »Hommage an Meister Peter Deunov«, Reihe Izvor, Band 200, Seite 122 (Aufl. 1, Jahr 2015)
25: »Auprès du Maître Peter Deunov – Éléments d'autobiographie«, Kapitel 13
26: »La Bible, miroir de la création«, Band 1, Kapitel 6
28: »Der kleine Prinz« von Saint Exupéry, Kapitel 26

– II – Die Sterne: Gesetze des Schicksals und astrologische Einblicke

Seite

30: »Gedanken für den Tag – Jahrgang 2013«, Tagesgedanke vom 26. November
32: »Dictionnaire du livre de la nature, analogies, images, symboles«, le Zodiaque – les frontières du monde manifesté
33: »Dictionnaire du livre de la nature, analogies, images, symboles«, le Zodiaque – les étapes de la création
34: »Geheimnisse aus dem Buch der Natur«, Reihe Izvor, Band 216, Kapitel 1
35: »Dictionnaire du livre de la nature, analogies, images, symboles« – le Tir à l'arc
36: »Dictionnaire du livre de la nature, analogies, images, symboles« – le Sagittaire
37: »Dictionnaire du livre de la nature, analogies, images, symboles« – la Tempérance
38: »Gedanken für den Tag – Jahrgang 2016«, Tagesgedanke vom 15. August
39: »Et il me montra un fleuve d'eau de la vie«, Synopsis, Band 3 – Partie IV, Kapitel 1, Teil 2
41: »Leben und Arbeit in einer Einweihungsschule«, Reihe Gesamtwerke, Band 30/31, Kapitel 7, Teil 3
43: »Erkenne dich selbst« – Jnani Yoga, Reihe Gesamtwerke, Band 17, Kapitel 10, Teil 3
46: »Die beiden Bäume im Paradies«, Reihe Gesamtwerke, Band 3, Kapitel 7
48: »Unerschöpfliche Quellen der Freude«, Reihe Izvor, Band 242, Kapitel 6
50: »Unerschöpfliche Quellen der Freude«, Reihe Izvor, Band 242, Kapitel 6
51: »Unerschöpfliche Quellen der Freude«, Reihe Izvor, Band 242, Kapitel 6
52: »Dictionnaire du livre de la nature, analogies, images, symboles« – le Paquebot
53: »Unerschöpfliche Quellen der Freude«, Reihe Izvor, Band 242, Kapitel 15
54: »Die Freiheit, Sieg des Geistes«, Reihe Izvor 211, Kapitel 10
Et il me montra un fleuve d'eau de la vie«, Synopsis, Band 3 – Partie IV, Kapitel 2

– III – Der Stern als geometrische Figur und als Symbol in den Schriften

Seite

56: »Dictionnaire du livre de la nature, analogies, images, symboles«, le Pentagramme

57: »Hommage an Meister Peter Deunov«, Reihe Izvor, Band 200, Seite 77 (Aufl. 1, Jahr 2015)

58: »Dictionnaire du livre de la nature, analogies, images, symboles«, le Pentagramme

59: »Dictionnaire du livre de la nature, analogies, images, symboles«, le Pentagramme

60: »Dictionnaire du livre de la nature, analogies, images, symboles«, le Pentagramme

61: »Dictionnaire du livre de la nature, analogies, images, symboles«, le Pentagramme, »Die geometrischen Figuren und ihre Sprache«, Reihe Izvor, Band 218, Kapitel 4

62: »Einblick in die unsichtbare Welt«, Reihe Izvor, Band 228, Kapitel 14

63: »Dictionnaire du livre de la nature, analogies, images, symboles«, les deux Triangles inversés

64: »Sonnen-Yoga, Surya-Yoga – Die Herrlichkeit von Tiphereth«, Reihe Gesamtwerke, Band 10, Kapitel 12

65: »Der Wassermann und das Goldene Zeitalter«, Reihe Gesamtwerke, Band 25/26, Kapitel 2, Teil 5

66: »La Bible, miroir de la création«, Band 2 – Partie II, Kapitel 2

67: »Weihnachten und Ostern in der Einweihungslehre«, Reihe Izvor, Band 209, Kapitel 1

69: »Weihnachten und Ostern in der Einweihungslehre«, Reihe Izvor, Band 209, Kapitel 3

– IV – Mit der Universalseele in Resonanz treten

Seite

72: »La Bible, miroir de la création«, Band 1, Kapitel 16, Proverbes 8:27

73: »La Bible, miroir de la création«, Band 1, Kapitel 2, Teil 1

74: »Einblick in die unsichtbare Welt«, Reihe Izvor, Band 228, Kapitel 8

75: »La Bible miroir de la création«, Band 1, Kapitel 2, Teil 5

76: »Am Anfang war das Wort – Kommentare zu den Evangelien«, Reihe Gesamtwerke, Band 9, Kapitel 6

78: »Am Anfang war das Wort – Kommentare zu den Evangelien«, Reihe Gesamtwerke, Band 9, Kapitel 6

79: »Gedanken für den Tag – Jahrgang 2014«, Tagesgedanke vom 11. Dezember

80 : »Vous êtes des dieux«, Synopsis, Band 1 – Partie III, Kapitel 2

81: »Weisheit aus der Kabbala – Der lebendige Strom zwischen Gott und Mensch«, Reihe Izvor, Band 236, Kapitel 11

82: »Unerschöpfliche Quellen der Freude«, Reihe Izvor, Band 242, Kapitel 10

83: »Dictionnaire du livre de la nature, analogies, images, symboles«, le Soleil, centre de notre système planétaire

84: »Gedanken für den Tag – Jahrgang 2013«, Tagesgedanke vom 18. Mai

85: »Das kosmische Gleichgewicht – Die Zahl 2«, Reihe Izvor, Band 237, Kapitel 18

86: »Weisheit aus der Kabbala – Der lebendige Strom zwischen Gott und Mensch«, Reihe Izvor, Band 236, Kapitel 11

87: »Gedanken für den Tag – Jahrgang 2015«, Tagesgedanke vom 2. Januar

88: »Dictionnaire du livre de la nature, analogies, images, symboles«, L'Harmonie des sphères
89: »Dictionnaire du livre de la nature, analogies, images, symboles«, le voyage – les provisions à prendre

– V – Die Reise der Seele oder die Pforten der Einweihung

Seite
93: »Dictionnaire du livre de la nature, analogies, images, symboles«, l'Aéronef
94: »Dictionnaire du livre de la nature, analogies, images, symboles«, les Quatre éléments
95: »Dictionnaire du livre de la nature, analogies, images, symboles«, loi de la Hiérarchie
96: »Gedanken für den Tag – Jahrgang 2015«, Tagesgedanke vom 6. Februar
97: »Gedanken für den Tag – Jahrgang 2015«, Tagesgedanke vom 12. April
99: »Et il me montra un fleuve d'eau de la vie«, Synopsis, Band 3 – Partie VIII, Kapitel 3
100: »Leben und Arbeit in einer Einweihungsschule«, Reihe Gesamtwerke, Band 30/31, Kapitel 8
101: »Dictionnaire du livre de la nature, analogies, images, symboles«, loi d'Affinité
102: »Dictionnaire du livre de la nature, analogies, images, symboles«, les Portes du soleil
103: »Dictionnaire du livre de la nature, analogies, images, symboles«, le Ballon captif
104: »Das kosmische Gleichgewicht – Die Zahl 2«, Reihe Izvor, Band 237, Kapitel 14
105: »Unerschöpfliche Quellen der Freude«, Reihe Izvor, Band 242, Kapitel 9
106: »Liebe und Sexualität«, Reihe Gesamtwerke, Band 14/15, Kapitel 16
108: »Gedanken für den Tag – Jahrgang 2015«, Tagesgedanke vom 5. Januar
109: »Gedanken für den Tag – Jahrgang 2005«, Tagesgedanke vom 12. Januar
110: »Dictionnaire du livre de la nature, analogies, images, symboles«, les Fiancés
111: »Dictionnaire du livre de la nature, analogies, images, symboles«, la Princesse captive d'un dragon
113: »Liebe und Sexualität«, Reihe Gesamtwerke, Band 14/15, Kapitel 2, Teil 2
114: »Unerschöpfliche Quellen der Freude«, Reihe Izvor, Band 242, Kapitel 16
115: »Gedanken für den Tag – Jahrgang 2015«, Tagesgedanke vom 23. November
117: »Gedanken für den Tag – Jahrgang 2015«, Tagesgedanke vom 16. September
118: »Dictionnaire du livre de la nature, analogies, images, symboles«, la Forêt – l'espace vital
119: »Dictionnaire du livre de la nature, analogies, images, symboles«, le Forgeron
120: »Unerschöpfliche Quellen der Freude«, Reihe Izvor, Band 242, Kapitel 5
121: »Gedanken für den Tag – Jahrgang 2016«, Tagesgedanke vom 23. August
123: »Das Senfkorn«, Reihe Gesamtwerke, Band 4, Kapitel 8
124: »Auprès du Maître Peter Deunov«, Éléments d'autobiographie 2, Kapitel 13
125: »La Bible, miroir de la création«, Band 2 – Partie II, Kapitel 22, Teil 2
126: »Das kosmische Gleichgewicht – Die Zahl 2«, Reihe Izvor, Band 237, Kapitel 13
127: »Dictionnaire du livre de la nature, analogies, images, symboles«, le Désert, sa traversée
129: »Vous êtes des dieux«, Synopsis, Band 1 – Partie VI, Kapitel 4
131: »Vous êtes des dieux«, Synopsis, Band 1 – Partie VI, Kapitel 4
132: »Gedanken für den Tag – Jahrgang 2015«, Tagesgedanke vom 12. Dezember
133: »Leben und Arbeit in einer Einweihungsschule«, Reihe Gesamtwerke, Band 30/31, Kapitel 8, Teil 2

135: »La Sagesse vivante de l'Égypte ancienne« von Christian Jacq
136: »Unerschöpfliche Quellen der Freude«, Reihe Izvor, Band 242, Kapitel 16
137: »Das Lächeln des Weisen«, Reihe Izvor, Band 243, Kapitel 3
139: »La Montagne de Lumière«, Henriette Vacquié – La route de lumière
140: »Einblick in die unsichtbare Welt«, Reihe Izvor, Band 228, Kapitel 4
141: »Gedanken für den Tag – Jahrgang 2015«, Tagesgedanke vom 3. Oktober
142: »Unerschöpfliche Quellen der Freude«, Reihe Izvor, Band 242, Kapitel 14
143: »La Montagne de Lumière«, Henriette Vacquié – La cabane sur la crête
144: »La Bible, miroir de la création«, Band 2 – Partie II, Kapitel 18
145: »Dictionnaire du livre de la nature, analogies, images, symboles«, le Silence
146: »Gedanken für den Tag – Jahrgang 2015«, Tagesgedanke vom 8. Februar
147: »Dictionnaire du livre de la nature, analogies, images, symboles«, Regards vers le bas ou vers le haut
148: »Dictionnaire du livre de la nature, analogies, images, symboles«, Monter et descendre
149: »Der Mensch im Kosmos«, Kostprobe Nr. 4, Kapitel »Das Leben besteht aus Austausch«
150: »Die Früchte des Lebensbaums – Die kabbalistische Überlieferung«, Reihe Gesamtwerke, Band 32, Kapitel 16, Teil 2
151: »Et il me montra un fleuve d'eau de vie«, Synopsis, Band 3 – Partie III, Kapitel 2, Teil 2
152: »Der Wassermann und das Goldene Zeitalter«, Reihe Gesamtwerke, Band 25/26, Kapitel 2, Teil 4
153: »Gedanken für den Tag – Jahrgang 2016«, Tagesgedanke vom 25. Mai
154: »Der Mensch im Kosmos«, Kostprobe Nr. 4, Kapitel »Die lebendige Kette der Geschöpfe«
155: »Unerschöpfliche Quellen der Freude«, Reihe Izvor, Band 242, Kapitel 16, »Gedanken für den Tag – Jahrgang 2014«, Tagesgedanke vom 11. August
156: »Afin de devenir un livre vivant – Éléments d'autobiographie«, Kapitel 16
157: »Gedanken für den Tag – Jahrgang 2013«, Tagesgedanke vom 24. Juli

Vom selben Autor
Reihe Gesamtwerke

1	Das geistige Erwachen
2	Die spirituelle Alchimie
3	Die beiden Bäume im Paradies
4	Das Senfkorn – Symbole im Neuen Testament
5	Die Kräfte des Lebens
6	Die Harmonie
7	Die Reinheit, Grundlage geistiger Kraft
8	Sprache der Symbole, Sprache der Natur
9	»Im Anfang war das Wort«
10	Sonnen-Yoga, Surya-Yoga – Die Herrlichkeit von Tiphereth
11	Der Schlüssel zur Lösung der Lebensprobleme
12	Die Gesetze der kosmischen Moral
13	Die neue Erde – Anleitungen, Übungen, Sprüche, Gebete
14/15	Liebe und Sexualität (Doppelband)
16	Alchimie und Magie der Ernährung – Hrani-Yoga
17/18	Erkenne Dich selbst – Jnani Yoga (Doppelband)
19-22	Wird nicht ins Deutsche übersetzt
23/24	Eine neue Religion (Doppelband)
25/26	Der Wassermann und das Goldene Zeitalter (Doppelband)
27	Die Pädagogik in der Einweihungslehre, Band 1
28/29	Die Pädagogik in der Einweihungslehre, Band 2 und 3 (Doppelband)
30/31	Leben und Arbeit in einer Einweihungsschule
32	Die Früchte des Lebensbaums

Vom selben Autor
Reihe Izvor

200 Hommage an Meister Peter Deunov
201 Auf dem Weg zur Sonnenkultur
202 Der Mensch erobert sein Schicksal
203 Die Erziehung beginnt vor der Geburt
204 Yoga der Ernährung
205 Die Sexualkraft oder der geflügelte Drache
206 Eine universelle Philosophie
207 Was ist ein geistiger Meister?
208 Das Egregore der Taube – Innerer Friede und Weltfrieden
209 Weihnachten und Ostern in der Einweihungslehre
210 Die Antwort auf das Böse
211 Die Freiheit, Sieg des Geistes
212 Das Licht, lebendiger Geist
213 Die menschliche und göttliche Natur in uns
214 Liebe, Zeugung und Schwangerschaft
215 Die wahre Lehre Christi
216 Geheimnisse aus dem Buch der Natur
217 Ein neues Licht auf das Evangelium
218 Die geometrischen Figuren und ihre Sprache
219 Geheimnis Mensch. Seine feinstofflichen Körper und Zentren
220 Der Tierkreis, Schlüssel zu Mensch und Kosmos
221 Alchimistische Arbeit und Vollkommenheit
222 Die Psyche des Menschen

223 Geistiges und künstlerisches Schaffen
224 Die Kraft der Gedanken
225 Harmonie und Gesundheit
226 Das Buch der göttlichen Magie
227 Goldene Regeln für den Alltag
228 Einblick in die unsichtbare Welt
229 Der Weg der Stille
230 Die Himmlische Stadt – Kommentare zur Apokalypse
231 Saaten des Glücks
232 Feuer und Wasser - Wunderkräfte der Schöpfung
233 Eine Zukunft für die Jugend
234 Die Wahrheit, Frucht der Weisheit und der Liebe
235 Im Geist und in der Wahrheit - Wie finde ich zu Gott
236 Weisheit aus der Kabbala
237 Das kosmische Gleichgewicht - Die Zahl 2
238 Der Glaube versetzt Berge
239 Die Liebe ist größer als der Glaube
240 Söhne und Töchter Gottes
241 Der Stein der Weisen
242 Unerschöpfliche Quellen der Freude
243 Das Lächeln des Weisen
244 Dem Licht entgegen

Vom selben Autor
Reihe Broschüren

301 Das neue Jahr
302 Die Meditation
303 Die Atmung – Spirituelle Dimensionen und praktische Anwendungen
304 Der Tod und das Leben im Jenseits
305 Das Gebet
306 Musik und Gesang im spirituellen Leben
307 Das hohe Ideal
308 Das Osterfest – Die Auferstehung und das Leben
309 Die Aura – Unsere geistige Haut
310 In die Stille gehen
311 Wie Gedanken sich in der Materie verwirklichen
312 Die Reinkarnation
313 Das Vaterunser
314 Das Gesetz der Gerechtigkeit und das Gesetz der Liebe
315 Die Quelle des Lebens
316 Die Nahrung, ein Liebesbrief des Schöpfers
317 Die Kunst und das Leben
318 Die wesentliche Aufgabe der Mutter während der Schwangerschaft
319 Die Seele, Instrument des Geistes
320 Menschliches und göttliches Wort
321 Weihnachten und das Mysterium der Geburt Christi
322 Die spirituellen Grundlagen der Medizin
323 Meditationen beim Sonnenaufgang
324 Der Friede, ein höherer Bewusstseinszustand
325 Das Ideal des brüderlichen Lebens
326 Die ganze Schöpfung wohnt in uns
327 Der Preis der Freiheit

Vom selben Autor
Reihe »Gedanken für den Tag«

Das Taschenbuch »Gedanken für den Tag« enthält für jeden Tag des Jahres ein Zitat von Omraam Mikhaël Aïvanhov als geistige Anregung und Begleiter für den Alltag. Es ist eine gute Meditationshilfe und auch als Geschenk bestens geeignet. Das Buch erscheint jährlich mit neuen Texten und ist einer unserer Bestseller. Ausgaben aus vergangenen Jahren sind ebenfalls noch erhältlich (solange Vorrat reicht).

Auf unserer Internet-Seite können Sie alle Tagesgedanken ab dem Jahr 2005 lesen (www.prosveta.de, www.prosveta.ch, www.prosveta.at). In diesen mehr als 6.000 Tagesgedanken können Sie mit Hilfe der Suchfunktion nach Themen oder Begriffen Ihrer Wahl suchen.

Vom selben Autor

Reihe Stani

Omraam Mikhaël Aïvanhov hat in seinen Vorträgen viele praktische Übungen und Methoden empfohlen, die den Menschen helfen, ihren Alltag sinnvoll zu bereichern. Diese Übungen sind erprobt, wirksam, einfach und leicht im Alltag integrierbar. Ihr Ziel ist es, die Gesundheit von Körper, Seele und Geist des Menschen zu fördern und ihn in seiner Weiterentwicklung zu unterstützen. Die Bücher enthalten anschauliche Farb-Abbildungen, Fotos, Tabellen und Diagramme, welche das Verständnis und die Umsetzung der Übungen noch erleichtern.

905 Die Gymnastik-Übungen – Sinn, Ablauf und Entsprechung zu heiligen Symbolen (mit DVD)
906 Erhebende Gedanken – Die Meditation
907 Das Licht und die Farben – Kräfte der Schöpfung
908 Vom Sinn des Betens – Erklärung und Gebete

Außerhalb der Buchreihe Stani empfehlen wir Ihnen auch noch Band 13 der Buchreihe Gesamtwerke »Die Neue Erde – Anleitungen, Übungen, Sprüche, Gebete«. Dieses Buch enthält Übungen zu weiteren Gebieten des täglichen Lebens.

VERLAGE UND AUSLIEFERUNGEN

Frankreich

Éditions Prosveta S.A. (Hauptverlag)
B.P. 12 – F-83601 Fréjus Cedex
Tel. 04 94 19 33 33, Fax 04 94 19 33 34
Internet: www.prosveta.fr, E-Mail: international@prosveta.com

Deutschland

Prosveta Verlag GmbH
Grabenstr. 14, 78661 Dietingen
Tel. 0741-3430
Internet: www.prosveta.de, E-Mail: kontakt@prosveta.de

Österreich

Harmoniequell Versand
Ulmenweg 8, 5302 Henndorf am Wallersee
Tel. und Fax 06214 7413
Internet: www.prosveta.at, E-Mail: info@prosveta.at

Schweiz

Éditions Prosveta
1808 Les Monts-de-Corsier 13
Tel. 021 921 92 18, Fax 021 922 92 04
Internet: www.prosveta.ch, E-Mail: editions@prosveta.ch

ISBN 978-3-89515-118-7

1. Auflage

Druck 2021: Interpress, Ungarn

Foto Umschlag: Bild 59990408 © Ys1982 | Dreamstime.com